D1726740

BIRGIT JOCHENS
DIE KANTSTRASSE

Berlin, Dezember 2017

Anke Falvahs

BIRGIT JOCHENS

DIE KANTSTRASSE

VOM PREUSSISCHEN CHARLOTTENBURG ZUR BERLINER CITY WEST

vbb verlag für berlin-brandenburg

1. Auflage 2017
© Verlag für Berlin-Brandenburg, Inh. André Förster
Binzstraße 19, D–13189 Berlin
www.verlagberlinbrandenburg.de

Umschlag: Stephanie Raubach, Berlin
Umschlagabbildung (Collage): *Theater des Westens*, 1907, Foto von Max Missmann und
Bebauung der Kantstraße mit Kant-Dreieck, 2016, Foto von Manfred Krause
Satz und Gestaltung: Ralph Gabriel, Berlin
Druck und Bindung: Westermann Druck Zwickau
Printed in Germany

ISBN 978-3-945256-83-1

INHALT

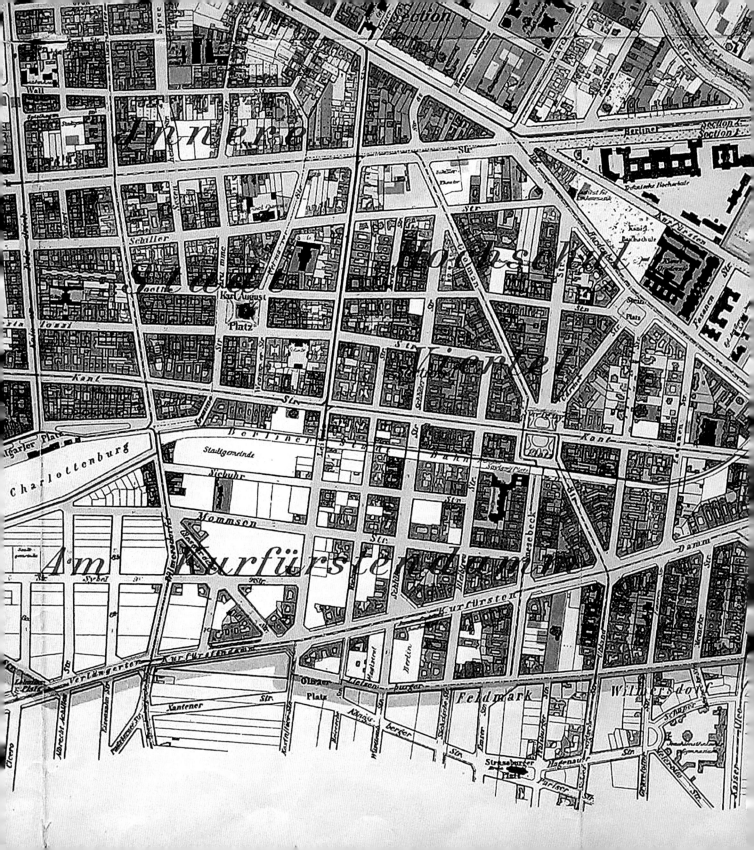

Die Bebauung der Stadt Charlottenburg bis zum Jahre 1905
(Planausschnitt)

VON DER BEGEHRTEN WOHNLAGE IM NEUEN WESTEN ZUR HAUPTSCHLAGADER DER CITY WEST – DIE KANTSTRASSE IM ZEITRAFFER

Kantstraße, Ecke Joachimsthaler Straße, 1907

Die rund zwei Kilometer lange Kantstraße ist nicht irgendeine Straße in Berlin-Charlottenburg. Das war sie nie. In den 1890er-Jahren reguliert, kanalisiert und rasch bebaut, bildete sie die Mittelachse eines trigonalen Stadtraums, der sich vom einstigen Auguste-Victoria-Platz (Breitscheidplatz) mit der Kaiser-Wilhelm-Gedächtniskirche im Scheitel zwischen Hardenbergstraße und Kurfürstendamm erstreckt. Sie durchkreuzte also genau den Bereich, den Charlottenburg, damals eine Stadt, die mehr als jede andere deutsche Kommune sprunghaft wuchs, als neues Zentrum vorsah. Ursprünglich sollte die Straße, die seit dem 23. Februar 1887 den Namen des Philosophen Immanuel Kant trägt, nur bis zur Leibnizstraße gehen. Die Verlängerung gen Westen bis zur Suarezstraße bewirkte das 1897 eröffnete Amtsgericht am

9

Wasch- und Plättanstalt Alexander Dürre, 1912

Zoologische Großhandlung Oscar Hertel

gleichnamigen Platz. Zusammen mit der Neuen Kantstraße verbindet die Hauptverkehrsachse heute zwei der wichtigsten Bereiche der westlichen City Berlins, das urbane Areal am Bahnhof Zoologischer Garten im Osten mit den Messehallen im Westen.

Dass die Kantstraße nahe Kurfürstendamm und Tauentzien gelegen ist, mitten im Neuen Westen, wie man das pulsierende Pendant zum Berliner Geschäfts- und Vergnügungsviertel früher nannte, dass sie das Hochschulviertel mit der Technischen Hochschule (Technische Universität) und den Hochschulen für die bildenden Künste und Musik (Universität der Künste) säumt und mit bedeutenden Kultureinrichtungen wie dem *Theater des Westens* ausgestattet ist, hat ihr von vornherein einen besonderen Stellenwert verliehen. Die Straße war deswegen – jedenfalls im östlichen, sich von der Gedächtniskirche bis zur

Kantstraße am Savignyplatz

Krummen Straße erstreckenden Bereich – eine vom gehobenen Bürgertum bevorzugte Wohngegend. Viele gutgestellte Rentiers, höhere Beamte, Offiziere und Adlige, so ist alten Adressbüchern zu entnehmen, haben sich dort niedergelassen: Hauptmann Fr. von der Goltz (Kantstraße 34), Oberst Graf C. von Schwerin (Nr. 160), Generalmajor S. von Longchamps-Berier (Nr. 121), Graf F. W. von Wartensleben (Nr. 138), Hofmarschall H. von Buddenbrock (Nr. 149), Gräfin A. von Baudissin (Nr. 141), Gutsbesitzer S. Freiherr von Münchhausen (Nr. 148) und Rittmeister B. von Arnim (Nr. 43) gehörten dazu, um nur einige zu nennen.

Aber vor allem war die Kantstraße – das wird in den folgenden Kapiteln näher dargelegt – eine Straße der Künstler: der Musiker, Maler, Bildhauer, Schauspieler und Schriftsteller. Sie war auch bei Gelehrten und Technikpionieren beliebt.

Insbesondere nahe dem Savignyplatz, der seit 1892 mit Grünanlagen ausgestattet ist und 1926/27 nach Plänen von Stadtgartendirektor Erwin Barth mit Sitzlauben und Staudenrabatten üppig umgestaltet wurde, wohnte, wie es der Schriftsteller und Theaterkritiker Alfred Kerr auf unnachahmliche Weise ausgedrückt hat, eine Klientel, die etwas besser als „bloße Bevölkerung" war.[1] Richtung Wilmersdorfer Straße und darüber hinaus sah das anders aus. Dort lebten Leute aus einfachen Verhältnissen: der Grünkram- oder Milchhändler, Hausdiener, die Posamentenverkäuferin, Maurer und Tischler.

Die Regulierung und Bebauung der Kantstraße war in drei Abschnitten und von entgegengesetzten Enden aus erfolgt, einerseits vom Einzugsbereich nahe der Gedächtniskirche, andererseits vom Bahnhof Charlottenburg her: also zwischen Joachimsthaler Straße und Savignyplatz sowie zwischen Krumme und Kaiser-Friedrich-Straße, zwischen Savignyplatz und Schlüterstraße sowie zwischen Kaiser-Friedrich- und Windscheidstraße, schließlich zwischen Schlüter- und Leibnizstraße sowie jenseits der Windscheidstraße. Gegen 1905 war der größte Teil der Straße bebaut.

Vorherrschender Bautyp waren mit hohen Ziergiebeln und manchmal auch mit Türmchen ausgestattete Wohn- und Geschäftshäuser, von denen eine ganze Reihe erhalten ist. Der gehobenen Klientel, auf die man hier, wenigstens was den östlichen Teil der Straße angeht, rechnete, wurden entsprechende Wohnungen geboten. Nach dem Kurfürstendamm und dem Villenviertel Westend, so das Statistische Amt Charlottenburgs,[2] gehörte die Kantstraße um 1900 zu den Wohngebieten, in denen große Wohnungen vorherrschten. 65 Prozent der Mietshäuser verfügten über mindestens zwei bis fünf beheizbare Zimmer, im noblen Eck an der Gedächtniskirche und der Joachimsthaler Straße waren 32 Prozent sogar mit mehr als sechs Zimmern ausgestattet. Wer dort einzog, konnte es sich problemlos leisten, wenn nicht, konnte man untervermieten. Diese Option haben viele Bewohner der Straße gewählt.

Eines der herrschaftlichen Mietshäuser ist die als Baudenkmal eingetragene, zwischen Uhland- und Fasanenstraße gelegene Nr. 153. Darin befindet sich heute das auf gehobene österreichische Küche spezialisierte Restaurant *Ottenthal*. Früher war dort die berühmte *Konditorei Reimann* ansässig, von der noch berichtet wird.[3] Das aus Vorderhaus, einem Seitenflügel und einem Quergebäude bestehende Haus wurde 1891/92 nach Plänen des Architekten Bernhard Sehring errichtet, der als Erbauer des *Theaters des Westens* und als Initiator des S-Bahnhofs Savignyplatz als ein „Gründervater" der Straße gelten kann. Der fünfgeschossige Bau zeigt eine repräsentative Neorenaissance-Fassade mit aus Putz gefertigtem Bossenquadermauerwerk in den unteren beiden Geschossen und üppigem figürlichen Dekor. Die den Giebel flankierenden großen Greifen verheißen Schutz und sorgen zugleich dafür, dass niemand dieses Haus über-

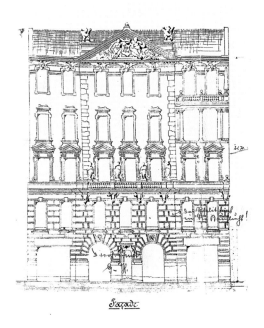

Fassadenaufriss Kantstraße 153

Kantstraße 153, 2017

sehen kann. Die Wohnungen im Vorderhaus genügen höchsten Ansprüchen. Sie bieten in den Obergeschossen mehr als sechs Zimmer, darunter jeweils ein Tanz- und ein Speisesaal.

Nicht nur Sehring, sondern auch andere vielbeschäftigte Architekten waren in der Kantstraße tätig. So Charlottenburgs Baulöwe Alfred Schrobsdorff (1861–1940), der unter anderem die Nr. 149 entwarf und einige Jahre Miteigentümer der Nr. 100 war, Heinrich Mittag (1859–1920), der mit unzähligen Privat- und Mietshäusern sowie Behörden- und Industriebauten ein Vermögen machte und Besitzer der luxuriösen, nach eigenen Plänen errichteten Nummern 158/159 war, und Otto Schnock (1865–1922), Architekt der Wilmersdorfer Hochmeisterkirche, von dem der Entwurf der Nr. 29 stammt. Bauherren waren ansonsten Kaufleute sowie Maurer- und Zimmermeister, die wie die genannten Architekten eine sichere Geldanlage anstrebten oder, wie die rasche Veräußerung der

Häuser beweist, mit Immobilienspekulation zu Geld zu kommen trachteten.

In der Kantstraße ließ es sich gut leben. Den täglichen Bedarf konnte man bequem in den vielen Einzelhandelsgeschäften decken, die bald in jedem Haus zu finden waren. Es gab eine Menge Kneipen und Restaurants, in denen sich auch Berliner Prominenz blicken ließ, Kinos und Theater, und zum Nobelkaufhaus KaDeWe, zur Gedächtniskirche oder zur Synagoge in der Fasanenstraße hatte man es nicht weit.

Vorteilhaft waren auch die guten Verkehrsverbindungen, für die mit den schon erwähnten Bahnhöfen Zoologischer Garten (1882), Bahnhof Charlottenburg (1882) und dem S-Bahnhof Savignyplatz (1896) gesorgt war. Der Verkehr auf der mittlerweile je Richtung dreispurigen Straße allerdings war und ist beträchtlich. Auch Berlins erste Chauffeuse, Dr. Elisabeth von Papp, die 1907 trotz erheblicher Bedenken

Verkehr auf der Kantstraße, Ecke Joachimstaler Straße, 1958

Elisabeth von Papp im Automobil auf der Kantstraße, 1908

männlicher Kollegen ihren Dienst anzutreten wagte, ließ es sich nicht nehmen, die Kantstraße entlangzubrausen.[4]

Außer Autos trugen einst Pferdefuhrwerke, Kutschen sowie Pferdeomnibusse und bis zur Umstellung auf den Busbetrieb, die 1966 erfolgte, auch Straßenbahnen zum Verkehrsaufkommen bei. Da verwundert es nicht, dass mancher, der sich der zentralen Lage wegen in der Kantstraße niedergelassen hatte, oft schon nach kurzer Zeit aufgab, um sich reumütig in ruhigere Nebenstraßen zurückzuziehen. Den „Automobilisten" unter den Kantstraßen-Bewohnern stellte der 1929/30 nahe der Leibnizstraße errichtete Kant-Garagenpalast den benötigten Parkraum zur Verfügung. Der vom Stil der Neuen Sachlichkeit geprägte Bau, den der Berliner Investor und Ingenieur Louis Serlin in Zusammenarbeit mit Hermann Zweigenthal und weiteren Architekten und mit Richard Paulick als Bauleiter errichtet hatte, war Berlins erstes Garagenhochhaus. Es verfügt über eine damals ziemlich einmalige Neuerung, nämlich eine doppelgängige Wendelrampe, auf der Autos auffahrsicher über eine spiralförmige Fahrbahn hinauf- und über eine zweite

Rückseite der Kant-Garagen, 1930

Straßenfront der Kant-Garagen, 2017

hinunterfahren können, ohne einander zu begegnen.[5] Der Bau beeindruckt auch mit seiner Vorhangfassade, die über die gesamte Rückseite als gläserne Haut gespannt ist.

Oft haben politische Ereignisse, die das Land bewegten oder vom Ausland her auf Berlin einwirkten, das Leben in der Straße beeinflusst.

In den (nach-)kriegsbedingten Hungerjahren 1918/19 beispielsweise siedelte sich in der Nr. 8 der 1892 gegründete Verein für Kinder-Volksküchen an, der kostenlose Mahlzeiten an Kleinkinder verteilte. Der Mittagstisch wurde anschließend schräg gegenüber in die Stadtbahnbögen verlegt. Dass dieses ehrenamtliche Engagement dringend geboten war, bewiesen wenig später die Aktionen einer notgeplagten Menschenmenge, die nicht mehr vor Ladendiebstählen zurückschreckte und auf der Straße Autofahrer ausplünderte.[6]

1919 wurde ausgerechnet das noble *Palast-Hotel* an der Ecke Hardenbergstraße Schauplatz von Straßenkämpfen. Die lautstark „Alle Macht den Räten" fordernden Spartakisten nisteten sich wiederholt auf dem Dach ein, um nachts von dort das Hauptkommando der Freikorps-Verbände zu beschießen, das sich im benachbarten *Eden-Hotel* eingerichtet hatte.[7]

Zu Beginn des 20. Jahrhunderts, insbesondere in den 1920er-Jahren, setzte mit dem Zuzug osteuropäischer Juden, russischer und armenischer Einwanderer sowie chinesischer Studenten eine erste Welle von Migration ein.

Im August 1925 erlebte die Kantstraße, weil die Abschaffung der chinesischen Monarchie auch die in Berlin lebenden Landsleute beschäftigte, tätliche Auseinandersetzungen zwischen Anhängern der Kuomintang-Bewegung und der 1921 von Mao Zedong gegründeten kommunistischen Bewegung. Die hatte die Führung des in der Nr. 118 ansässigen Vereins chinesischer Studenten an sich gerissen. Die „revolutionären" Studenten schütteten aus dem oberen

Stockwerk eimerweise Wasser auf die konservativen Angreifer und schlugen so die „verweichlichten Bürgersöhnchen" erfolgreich in die Flucht.[8]

Wie sich mit dem Machtantritt der Nationalsozialisten die Lebenssituation unzähliger Kantstraßen-Bewohner dramatisch veränderte, wird in den folgenden Kapiteln beschrieben. „Niemand wagt es mehr, ein jüdisches Geschäft zu betreten, einen jüdischen Rechtsanwalt oder Arzt aufzusuchen", schrieb der *Berliner Lokal-Anzeiger* bereits am 1. April 1933, kurz nach den Boykottaktionen in der Tauentzienstraße. Ergänzend ist der Terror der SA anzuführen, die 1933 in der Nr. 64 politische Gegner und Juden misshandelte und so einschüchterte, dass die meisten nicht darüber zu reden wagten.[9] Wie beim großen Gegenstück, dem Kurfürstendamm, hat das verheerende Regime der Nationalsozialisten einen tiefen Einschnitt in der Geschichte auch der Kantstraße bewirkt. Davon haben sich beide Straßen nie mehr ganz erholt.

Es scheint, als könne es 1945 in der Kantstraße auch Zwangsarbeit gegeben haben. Der International Tracing Service in Bad Arolsen, der Daten von NS-Verfolgten sammelt, verfügt jedenfalls über eine ihm vom Internationalen Komitee des Roten Kreuzes übergebene Liste, die ein Lager in der Nr. 12, im damals längst geschlossenen *Theater des Westens*, anführt.[10] Die Kartei, die Aufschluss über die angeführten Codes der Lager gegeben hat, wurde allerdings im Februar desselben Jahres vernichtet, sodass nähere Informationen fehlen.

Wie die Bewohner der Kantstraße die letzten Tage vor der Kapitulation 1945 erlebten, ist dem eindrucksvollen Bericht zu entnehmen, den Charlotte Reimann für ihre Eltern verfasste.[11] Die Kaffeehaus-Besitzerin verbrachte die letzten Kriegstage mit ihrem Mann und Nachbarn aus der Kantstraße 153 in einem der nahegelegenen Bögen der Stadtbahn. Eine vernünftige Entscheidung, weil die meterdicken

Charlotte Reimann, 1930er-Jahre

Betonwände einen erheblich besseren Schutz als das Wohnhaus boten, das nach Bombenabwürfen ohnehin bereits Schaden genommen hatte, und weil im Granathagel Zuflucht im schwer umkämpften Zoobunker zu suchen viel zu gefährlich war. Unter der Stadtbahn haben die Reimanns die zwanzig Tage vor der Kapitulation erstaunlich komfortabel verbracht, mit Schnaps und Wein aus eigenen Beständen und Fleisch, das ihnen Soldaten geschenkt hatten, die ebenfalls in den Stadtbahnbögen untergeschlüpft waren. Die Reimanns waren über diese Nachbarschaft, auch über die überall in der Fasanenstraße postierten Panzer und die deutsche Artillerie in der Kantstraße nicht wenig besorgt, weil sie befürchteten, unmittelbar in Kampfhandlungen verwickelt zu werden. Am 29. April war es dann soweit. Die Soldaten erhielten Befehl, an die Waffen zu gehen, und alle warteten angespannt auf das Eintreffen der Russen.

Ruinen Joachimstaler, Ecke Kantstraße, 1. Mai 1944

Die Reimanns hatten zuvor eine weiße Fahne am Eingang ihres Unterschlupfs angebracht und eine Flasche Sekt und Zigaretten auf einem Schemel bereitgestellt, um die sowjetischen Soldaten milde zu stimmen. Nach einem entsetzlichen nächtlichen Trommelfeuer, nach heftigen Einschlägen und Bränden am Kurfürstendamm, in der Fasanenstraße und in der Kantstraße, bei denen das Haus der Reimanns den siebten Treffer erhielt, standen sie Dutzenden Russen gegenüber, die, nachdem sie den Eingeschlossenen mit Gesten bedeutet hatten, dass Hitler tot sei, begannen, die Männer zu erschießen. Walter Reimann entging diesem Schicksal, weil er impulsiv die auf ihn gerichtete Waffe eines Soldaten nach oben schlug und weil er sich danach hinter einem Panzer verbergen konnte. Zwar hatte die Kapitulation so für die Reimanns ein glimpfliches Ende genommen, was jedoch folgte,

waren schwere Wochen ohne Licht, Gas, Wasser und unter sowjetischer Besetzung.

Mit rund 21 Prozent total und zwölf Prozent schwer zerstörter Häuser, die überwiegend nahe Zoobunker und Bahnhof und an der Einmündung der Wilmersdorfer Straße zu finden waren, gehörte die Kantstraße zu den am meisten beschädigten Straßenzügen in Charlottenburg.[12] Aber auch hier ging der Wiederaufbau zügig voran. Schließlich galt es, nach der politischen Spaltung ab 1948 das Zentrum West-Berlins zu gestalten. Mit der Beseitigung der Baulücken, die der Krieg gerissen hatte, und dem Ausbau des Bereichs um Kurfürstendamm und Egon Eiermanns Gedächtniskirchen-Komplex zur neuen City entwickelte sich die Kantstraße vom Beginn der 1950er-Jahre an zu einer Hauptgeschäftsstraße des Westens. Einige Bewohner der Straße haben sich im Kalten Krieg zu

Montage eines Straßenschildes nach Kriegsende, 1945

spektakulären Aktionen hinreißen lassen. So Hasso Herschel, der spätestens seit dem SAT.1-Zweiteiler *Der Tunnel* als einer der bekanntesten Fluchthelfer der Nation gilt. Er konnte den Gästen seines Steakhauses in der Kantstraße erzählen, wie es ihm gelang, Dutzende Republikflüchtlinge durch einen Tunnel unter dem Todesstreifen in den Westen zu schleusen.

Nicht minder abenteuerlich war der Lebensweg des Autohändlers Hans Wax, der im fünften Stock der Kant-Garagen eine Autowerkstatt betrieb und mit einem Dutzend Mitarbeiter Autos der Marke Alfa Romeo reparierte, Motoren frisierte, Rennwagen baute und mit dem späteren Star-Designer Luigi Colani Kunststoffkarosserien entwickelte.[13] In seiner Werkstatt bereitete Wax, der seit den frühen 1950er-Jahren als Mitarbeiter des ostdeutschen Ministeriums für Staatssicherheit (MfS) agierte, darüber hinaus seine spektakulärsten Coups vor. Wax stahl die komplette Agentenkartei des amerikanischen Spionage-Dienstes MID (Military Intelligence Device) aus dessen streng

Hans Wax alias GM (Geheimer Mitarbeiter) „Donner"

Demonstration in der Kantstraße gegen den Besuch Theodor Oberländers in West-Berlin, 12. November 1959

Vietnam-Demonstration in der Kantstraße, im Vordergrund (mit Helm): Rudi Dutschke, 18. Februar 1968

gesichertem Hauptquartier in Würzburg, kidnappte andernorts Geheimdienstleute und abtrünnige Mitarbeiter der Stasi und lieferte sie dem Osten aus. Dafür hatte der Top-Agent seinen Mercedes 220 eigens mit schusssicheren Reifen und einem schalldichten Kofferraum umgerüstet. Als der auf großem Fuß lebende KfZ-Mechaniker im Sommer 1961 stattliche Steuerschulden angehäuft hatte und die Lage für ihn brenzlig wurde, zog ihn die Stasi in den Osten ab. In Biesdorf baute sich Wax eine neue Existenz auf, mit einer Autowerkstatt und einer kleinen Fabrikhalle, in der er Boote aus Polyester baute, und mit einem schwungvollen Handel mit Waren aus dem Westen: Nivea-Creme, Nylonstrümpfe oder Westautos. All dies wurde unter dem Schutz seiner geheimen Auftraggeber in Nacht- und Nebelaktionen beschafft. Irgendwann wurde denen das rastlose Treiben ihres Neu-Unternehmers jedoch zu bunt. Waxens Betrieb wurde enteignet. Seine Operationsbasis war infolge der allmählichen Entmachtung alter Gönner ohnehin

spürbar eingeschränkt. Als Wax 1984 starb, hatte seine aus dem Osten stammende Ehefrau Christa nicht die geringste Ahnung vom Doppelleben ihres Mannes.

Die Kantstraße erlebte auch viele politische Demonstrationen. Darunter der Protest, der sich am Abend des 12. November 1959 gegen den in Berlin eingetroffenen Vertriebenenminister Theodor Oberländer richtete, dem Überlebende des Holocaust die Verantwortung für die 1941 im galizischen Lemberg (heute Lwiw) erfolgten Pogrome zur Last legten. Zwar hat die Forschung später eine differenziertere Sicht seiner Rolle ergeben, aber der Rücktritt des Politikers, der die fragwürdige Kontinuität nationalsozialistischen Funktionärswesens in der Nachkriegsrepublik verkörperte, schien unumgänglich.[14]

Wenige Jahre später erreichten die Studentenunruhen die Kantstraße. So am 2. Juni 1967, als in der Nähe der Deutschen Oper der tödliche Schuss auf Benno Ohnesorg fiel und vor der Polizei Flüchtende auch in die Kantstraße strömten.[15]

In den 1970er-Jahren wurde die Kantstraße wiederholt zur Operationsbasis der Rote Armee Fraktion. Die terroristische Vereinigung soll dort am 13. Mai 1970 den Alfa Romeo gestohlen haben, der zur Flucht des in der Justizvollzugsanstalt Tegel inhaftierten Andreas Baader benutzt wurde, als dem ein kurzes Aufsuchen des Deutschen Zentralinstituts für soziale Fragen genehmigt worden war. An dieser Befreiungsaktion war auch Irene Goergens beteiligt, die nach ihrer Festnahme im Gefängnis in der Kantstraße 79 einsaß.

In den 1980er-/90er-Jahren geriet die Kantstraße, mittlerweile als „Ramschmeile" verschrien, überdies mit einer Parallelwelt von Läden, in denen russisch und polnisch gesprochen und Geschäfte getätigt wurden, für die sich Polizei und Staatsanwälte interessierten, in die Presse. Kriminalität und Halbwelt-Milieu färben noch heute den an den Stuttgarter Platz angrenzenden Bereich ein.

Aber seit die City West verstärkt in den Fokus von Stadtentwicklern und Investoren gerät, wandelt sich das Image der Straße. Mit dem 1999 eröffneten Design-Kaufhaus stilwerk und einer ganzen Armada weiterer Läden des gehobenen Wohnbedarfs im Schlepptau stabilisiert sich die Kantstraße zu einer Einkaufsmeile, in der sich im Vertrauen auf die zahlungskräftige Schicht 25- bis 55-Jähriger, die laut einer Sozialstudie gerade im Bezirk Charlottenburg-Wilmersdorf anzutreffen sein soll,[16] in den letzten Jahren auch Sterne-Hotels, trendige Kuchenläden, Geschäfte, die Mangas, Bonsais und makelloses Obst anbieten, eröffneten und sich der Vormacht von Läden mit asiatischem Tand, Sportbars und Nagelstudios entgegenstemmen.

Einen wesentlichen Anteil am neuen Erscheinungsbild der Straße hat auch das 1992 bis 1995 nach Plänen von Josef Paul Kleihues an der Fasanenstraße

Blick vom Europa-Center auf die Kaiser-Wilhelm-Gedächtniskirche und das Schimmelpfeng-Haus, 1980er-Jahre

Im stilwerk, 2017

KapHag-Hochhaus (Kant-Dreieck), 2017

errichtete KapHag-Hochhaus, Sitz einer Immobilien GmbH, die Büro-, Geschäftshäuser und Gewerbezentren entwickelt und verwaltet. Zwei Gebäudekörper von schlichter Eleganz, ein auf quadratischem Grund aufbauender, elfgeschossiger Turm und ein dreieckiger, fünfgeschossiger Glasbaukörper stellen mit dem großen beweglichen Dachsegel einen markanten Blickfang dar und akzentuieren wie ein Torflügel den Beginn der Innenstadt.

Die Kantstraße mausert sich, die City West will hoch hinaus. In jeder Hinsicht. Das zeigen besonders die Umgestaltungen am Breitscheidplatz. Die erste erfolgte bereits in den 1950er-Jahren, als der Bereich um die stark zerstörte Gedächtniskirche neuen stadt-

planerischen Vorstellungen angepasst wurde, die dem Leitbild einer autogerechten Stadt verpflichtet waren. Die dabei vorgenommene Änderung der Straßenführung enthob den früheren Auguste-Victoria-Platz seiner Funktion als Verkehrsknoten. Bis 2005 leitete die Kantstraße den Verkehr nun unter den mächtigen Pilotis-Stützen des 1957 bis 1960 nach Plänen von Franz-Heinrich Sobotka und Gustav Müller errichteten Schimmelpfeng-Hauses hindurch kreuzungsfrei in die Budapester Straße mit ihrem Tunnel.

Im Zuge jüngster Aufwertungen des Stadtquartiers durch Hochhäuser wie das vom Frankfurter Architekten Christoph Mäckler errichtete rund 120 Meter hohe Zoofenster (2010) mit dem Waldorf Astoria Hotel und das Upper West (2017) dringt internationales Flair in das Areal. Zuvor mussten erst der Tunnel und dann der Brückenbau des Schimmelpfeng-Hauses weichen. Von diesem Gebäude – an sich eine interessante Architektur, mit der Berlin Freiheitswillen bekundet hatte, weil sie sich bewusst aller Bauformen der Vergangenheit entzog –, war bis Februar 2013 nur noch der unbedeutendere Riegel am Kurfürstendamm erhalten, dann wurde auch dieser Teil abgerissen.[17]

Neuerdings findet die Kantstraße auch überregional Beachtung: nicht nur als „die interessanteste asiatische Foodmeile Berlins"[18], sondern vor allem als „Boulevard der Einwanderer", als Beispiel gelingender, vielschichtiger Integration. Denn in keiner anderen Straße Berlins leben und arbeiten Menschen aus mehr Nationen, Ethnien, Religionen und Einkommensschichten nebeneinander und zusammen.[19] Ist es jenseits der Uhlandstraße ein panasiatisches Gemisch von Läden, Imbissbuden und Restaurants, in dem sich auch Spanier, Italiener, Türken, Russen, Polen, Armenier, Kroaten, Griechen und Israelis behaupten, schließt an den Stuttgarter Platz eine persische, russische, afrikanische und ukrainische Geschäftswelt

Zoofenster (links) und Upper West, 2017

an, in der kleine deutsche Traditionsgeschäfte einen Hauch Nostalgie verbreiten. Dass Integration in dieser Straße auf eine mehr als einhundertjährige Tradition zurückblicken kann, mag dazu beitragen, dieses Potpourri verschiedener Nationalitäten zusammenzuhalten.

Dass es aber eine gute soziale Struktur, eine lebendige Mischung aller Einkommens- und Altersstufen gibt, daran haben die erhaltenen Altbauten einen wesentlichen Anteil. Denn in den großen, mit viel Stuck verzierten Wohnungen der Vorderhäuser leben heute Doppelverdiener und der gehobene Mittelstand, in den Seitenflügeln und Hinterhäusern Rentner, Familien mit wenig Geld und Studenten.

Da, wo die Kantstraße alltäglich daherkommt, wenig beachtenswert und vielleicht sogar ein wenig schmuddelig, kann, wer einen Blick dafür hat, eine ganz eigene Poesie entdecken. Das hat der tschechische Dichter und Übersetzer Petr Borkovec mit dem kleinen Bändchen *Amselfassade* bewiesen.[20] Bei seinem Bummel durch die Straße schiebt sich ihm beim *Kant-Kino* eine „schwankende Akazie" in den Blick, die aussieht „wie eine im Varieté in der Hand gewogene schwarze Anakonda". „Die Aufschrift SEX auf der vierkantigen, wohl roten Laterne", die er schräg gegenüber, auf der anderen Straßenseite hinter sich lässt, „ist zu einer chinesischen Kalligraphie geworden." Ja selbst ein Hauch Romantik schimmert auf, wenn einer wie Borkovec durch die Kantstraße flaniert: „Er kommt an einem wirklichen chinesischen Restaurant vorbei, in dem inmitten von Aquariumsalgen schon vor einem Monat gedeckte Tische schaukeln, beleuchtet von der Schneiderei Ginger & Fred, die – mit den abgeblätterten Rahmen des Schaufensters, den zahlreichen vorhandenen Papierzetteln und den mit – sicher bunten – Zwirnspulen verkleideten Wänden – einem riesigen Insektenkasten nicht unähnlich ist."

THEATER, KABARETTS UND KINOS

Theater des Westens. Gruss aus Charlottenburg-Berlin. Bühnenhaus. Dess 9.

Theater des Westens, 1898

Es dürfte nicht oft vorkommen, dass sich der Ausbau einer Straße wesentlich der Eröffnung eines Theaters verdankt. Aber genau dies hat das *Theater des Westens* für die Kantstraße bewirkt. Das repräsentative Haus gab den Anstoß für die zügige Regulierung der Straße, die zusätzliche verkehrstechnische Anbindung mit dem Bahnhof Savignyplatz und die rasche Bebauung zumindest im östlichen Teil.[1]

Dass Charlottenburg sein erstes großes Theater erhielt, überhaupt die erste ernstzunehmende Thea-

tergründung im Berliner Umfeld vorzuweisen hatte, ist den Visionen des Architekten Bernhard Sehring (1.6.1855 Edderitz/Anhalt – 27.12.1941 Berlin) zu verdanken. „Es war im Jahr 1895", so Sehring, „als ich den Plan faßte, ein Richard-Wagner-Theater zu bauen. Ein großes Gelände in der Kantstraße, Ecke Fasanenstraße, war rasch gekauft. Auch Geldgeber fanden sich damals rasch, und den hochverdienten und beliebten Oberbürgermeister Fritsche von Charlottenburg gewann ich dafür, den vorgesehe-

23

nen Bebauungsplan von Charlottenburg so abändern zu lassen, daß die Kantstraße, die bisher erst an der Joachimsthaler Straße begann, bis zum Kurfürstendamm, just dorthin, wo jetzt die Kaiser-Wilhelm-Gedächtniskirche steht, verlängert würde. Damals sah ich oft abends von meiner Wohnung im Künstlerhaus in der Fasanenstraße in gehobener Stimmung auf das neue Bauland mit seinem alten Baumbestand hernieder, wo die Nachtigallen so schön sangen, und hörte schon im Geiste, wie die Primadonnen künftig dort ihr hohes ‚C' schmettern würden."[2]

Ganz so problemlos, wie Sehring sich erinnerte, verlief die Realisierung seines Projekts nicht, wohl aber auf eine ziemlich abenteuerliche Weise. Sehring allerdings war der rechte Mann dafür. Davon war auch Alfred Kerr überzeugt, der ihn als „eine ganz neue Art Eroberer" beschrieb, angetrieben durch ein „Gemisch von Künstlertum und Unternehmertum".[3]

1895 erwarb Sehring das 12 400 Quadratmeter große Grundstück Kantstraße 8–12, das von der Meierei Bolle als Kohlenplatz genutzt wurde, und errichtete, nachdem er zusammen mit seinem Partner Paul Blumenreich eine *Theater des Westens* GmbH gegründet hatte, ohne jedes Eigenkapital und ohne die Erteilung der Baugenehmigung abzuwarten, mit Gesamtkosten von 3 ½ Millionen Mark binnen eines Jahres sein monumentales Theater.[4] Kredite und Anleihen auf die von Sehring mit eingeplanten angrenzenden Wohnhäuser hatten dies möglich gemacht.

Schräg gegenüber dem Theater waren gerade erst zwischen der Stadtbahn und der Joachimsthaler Straße ein paar Neubauten entstanden. Die nächste zusammenhängende Bebauung reichte nur von der Fasanen- bis zur Schlüterstraße. Aber schon nach fünf, sechs Jahren war die Straße weitläufig bebaut. Schnell also zahlte sich aus, dass Sehrings Projekt weit mehr war als ein künstlerisches Unternehmen: nämlich

Theater des Westens und Kantstraße 8 (rechts), 1905

Theater des Westens mit vorgelagertem Theatergarten und „Kaisertreppe", 1907

Bernhard Sehring   *Theater des Westens*, 2017

eine Gründung in spekulativem Sinne, die eine komplette Umwälzung des örtlichen Grund- und Boden-
werts zur Folge hatte. Der Magistrat unterstützte den
Architekten deswegen unbürokratisch und tatkräftig,
vor allem durch die prompte Zuarbeit aller Behörden.

Sehring sah für sein nobles Theater einen großen,
in bunter Stilvielfalt angelegten Gebäudekomplex vor.
Das langgestreckte Zuschauerhaus ist in einer Mischung aus Renaissance, Barock und Jugendstil gehalten. Das rückseitig angrenzende Bühnenhaus erinnert mit Fachwerk, Erkern und getreppten Giebeln
an eine spätmittelalterliche Burg. Die von der Kantstraße Richtung Hardenbergstraße in die Tiefe gestaf-
felte Gruppe der Häuser Nr. 8–11 bot in den oberen
Geschossen geräumige Wohnungen, die sehr begehrt
waren. Die direkt an der Kantstraße gelegene Nr. 8,
deren Front spielerisch mit Fachwerk und gemal-
tem Dekor ausgestattet war, beherbergte überdies ein
Restaurant, das viele Nachfolger haben sollte. Dieser
Komplex wurde im Krieg stark zerstört und in den
1950er-Jahren abgerissen.

War die Eröffnung des Hauses, die am 1. Oktober
1896 erfolgte, an sich ein glanzvolles gesellschaftliches
Ereignis, an dem ganz Berlin teilhatte, so erwies sich
die Aufführung von *1001 Nacht* von Holger Drach-
mann als ein „schwerer Reinfall"[5]. Danach mühten
sich in rascher Folge eine Reihe von Direktoren damit
ab, mit einem mal mehr, mal weniger anspruchsvollen Programm mehr Beifall zu erhalten und Schwung
in den Betrieb zu bringen.

Relativ gute Zeiten erlebte das Theater als avant-
gardistisches Opernhaus. Da hatte nebenan gerade
die Secession ihr Ausstellungsgebäude bezogen. Mit
viel Lob bedachte man beispielweise die Aufführung
von Peter Tschaikowskys Oper *Eugen Onegin* (1898),
an die sich die *Berliner Staatsoper* erst 35 Jahre später
wagen sollte. Auch konnte das *Theater des Westens* kurz
nach 1900 mit Auftritten von Größen wie France-
schina Prevosti, Lilli Lehmann, Francisco d'Andrade
und des neuen italienischen Superstars Enrico Caruso
glänzen und sich so gegen die mächtige Berliner Konkurrenz behaupten.

Vor dem *Theater des Westens*: 1963 …   … und 2017

Von 1907 bis 1922 kam das *Theater des Westens* als Operettentheater einigermaßen über die Runden. Ein anspruchsvolles Opernprogramm anzubieten überließ man nun dem 1912 eröffneten *Deutschen Opernhaus* (1925 bis 1933: *Städtische Oper*) in der Bismarckstraße. Immerhin präsentierte das *Theater des Westens* in den Jahren 1920 bis 1924, jetzt als von der *Freien Volksbühne* initiierte *Große Volksoper*, eine ganze Reihe von Berliner Erstaufführungen. Es folgten Jahre mit einem gemischten Programm aus klassischer Oper, Revue und Schauspiel, mit Auftritten unter anderem von Richard Tauber, Käthe Dorsch, Fritzi Massary und Leo Slezak.[6]

Die nationalsozialistische Ära startete mit der Schließung des Hauses. Als *Volksoper* erlebte es anlässlich des vierzigsten Todestags von Giuseppe Verdi am 12. Februar 1941 jedoch mit der deutschen Erstaufführung von *Die Jungfrau von Orleans* noch einmal einen Höhepunkt. Mit der erneuten Schließung der Bühne im Herbst 1944 war auch dieses Kapitel beendet.

Den Zweiten Weltkrieg überstand das *Theater des Westens* vergleichsweise unbeschadet. Daher beherbergte es ab Sommer 1945 die *Städtische Oper*, die infolge Bombenschadens ihre Spielstätte verloren hatte. Sie sollte bis 1961 vor allem unter den Intendanten Heinz Tietjen und Carl Ebert eine ihrer glanzvollsten Zeiten erleben. Nach der Fertigstellung des Neubaus für die Oper in der Bismarckstraße wurde das *Theater des Westens* unter seinem alten Namen und von privaten Betreibern als Operetten- und Musicaltheater

Vestibül des *Theaters des Westens*, 2017

Nach einer Aufführung des Musicals *Sweet Charity* im *Theater des Westens*, März 1992

weitergeführt. Sensationelle Erfolge erzielte es 1961 mit *My Fair Lady* unter dem Pächter Hans Wölffer und mit *Ein Käfig voller Narren* (1985) unter der Intendanz von Helmut Baumann. Im inzwischen verschiedentlich modernisierten Haus wird der Musicalbetrieb heute von Stage Entertainment geleitet.

Die geräumige Anlage, die Bernhard Sehring für sein Theater vorgesehen hatte, war nicht nur Voraussetzung, sondern auch Grund dafür, dass dort nicht nur große Bühnenkunst geboten wurde, sondern auch das Kabarett Einzug hielt. Denn die Räumlichkeiten sollten so effektiv wie möglich genutzt werden. 1902 eröffnete Georg David Schulz im Restaurant nebenan das Kabarett *Poetenbänkel im siebenten Himmel*.[7] Dort traten die Dichter Erich Mühsam,

Peter Hille und Roda Roda auf. Und Marietta di Rigardo, die mit Kastagnetten-Tänzen debütierte, was in Berlin völlig neu war und Max Slevogt so beeindruckte, dass er sie porträtierte.[8] Das Publikum, das sich im „siebenten Himmel" einstellte, war laut Erich Mühsam „tout Berlin": „Bankdirektoren, Diplomaten, Industrielle mit ihren Ehefrauen, […] durchweg Leute, die gut bei Kasse waren, und das war notwendig, denn was die Weinpreise anbelangte, war auch Schulz nicht kleinlich."[9] Das *Poetenbänkel im siebenten Himmel* hielt sich bis 1906 in der Kantstraße,[10] eine erstaunliche Leistung, denn in der ersten Blüte dieser neuen Kunstform vergingen Kabaretts ebenso schnell, wie sie zuvor aus dem Boden geschossen waren.

Erst 1921 zog mit Trude Hesterbergs *Wilder Bühne* im eigens dafür hergerichteten Souterrain des Theaters wieder ein Kabarett ein. Hatte die „rote" Trude, wie sie ihrer Haarfarbe wegen genannt wurde, ursprünglich beabsichtigt, das frühe Montmartre-Kabarett mit seinen Dirnen- und Zuhälterliedern ins Berliner Lokalkolorit zu übertragen, sollte sie sich jedoch bald für ein zeitkritisches, politisch-literarisches Kabarett entscheiden. Damit entwickelte sich die *Wilde Bühne* in kurzer Zeit neben Max Reinhardts *Schall und Rauch* zum bedeutendsten Kabarett der Zwischenkriegszeit.

Trude (Gertrude) Hesterberg (2.5.1892 Berlin – 31.8.1967 München), eine Schülerin des Stern'schen Konservatoriums, hatte sich zunächst, um in der schwierigen Nachkriegszeit zu überleben, in kleine Rollen in Operetten, Revuen und Kabaretts gestürzt, leitete dann aber ihre *Wilde Bühne* mit sicherem Gespür für subtile Kleinkunst. Sie selbst war darin eine Meisterin. „Sie sang", so Friedrich Hollaender, „sie schmetterte, sie säuselte die schärfsten Lieder der Zeit. Am schärfsten sind sie ja, wenn man sie säuselt. Aber wer wusste das außer ihr?"[11] Für Hesterbergs Kabarett schrieben Autoren wie Kurt Tucholsky, Walter Mehring, Klabund, Marcellus Schiffer und Erich Kästner. Die Musik komponierten Werner Richard Heymann, der später mit der Filmmusik von *Die Drei von der Tankstelle* berühmt werden sollte, Friedrich Hollaender und Mischa Spoliansky. Unter Hesterbergs Direktion traten Joachim Ringelnatz, Kate Kühl, Margo Lion, Wilhelm Bendow, Blandine Ebinger und Curt Bois auf und unterhielten ihr Publikum mit einer Mischung aus düsteren Balladen, Großstadt-Satiren, die sich auch des Treibens am Kurfürstendamm annahmen, und Sozialkritik. Dass die Hesterberg durchaus geneigt war, ihren Gästen auch einmal etwas zuzumuten, bewies der Auftritt des gerade 23-jährigen, „augs-

Trude Hesterberg, um 1927

Gedenktafel für Trude Hesterberg und ihre *Wilde Bühne* am *Theater des Westens*

burgerisch" grummelnden, „mönchsgesichtigen" Bertolt Brecht, der mit der *Ballade vom toten Soldaten* das Publikum verstörte: „Und als der Krieg im vierten Lenz/Keinen Ausblick auf Frieden bot/Da zog der Soldat die Konsequenz/Und starb den Heldentod." Für die Presse „eine freche Verhöhnung [...] des Opfertodes für das Vaterland".[12]

Der *Wilden Bühne* wären mit Sicherheit noch weitere erfolgreiche Jahre beschieden gewesen, auch wenn das Team inflationsbedingt gelegentlich nur mit Freibier, Ehrenkarten und einer warmen Mahlzeit bezahlt werden konnte, hätte am 16. November 1923 nicht ein von einer schadhaften Sicherung ausgelöster Brand zu einer totalen Verwüstung geführt. Trude Hesterberg gab auf und begab sich erneut in einen bunten Reigen aus Theater-, Operetten- und Kabarett-Engagements sowie Rollen in über siebzig Filmen.

Es war Wilhelm Bendow (eigentlich Wilhelm Boden; 29.9.1884 Einbeck – 29.5.1950 Einbeck), der nach der Renovierung der Räume mit seinem *Tü-Tü* im Februar 1924 wieder ein Kabarett im *Theater des Westens* eröffnete. Bendow selbst wurde als näselnder, impertinent-unbedarfter Kommentator im Sketch *Auf der Rennbahn* unsterblich. Die Tonspur hat Loriot 1972 seinem gleichnamigen Zeichentrickfilm unterlegt.

Mit Friedrich Hollaender (18.10.1896 London – 18.1.1976 München), der 1931 im *Theater des Westens* sein *Tingel-Tangel-Theater* einrichtete – wie Hesterberg auch er ein Absolvent des Stern'schen Konservatoriums – folgte ein Theaterleiter, der sich längst reichlich in diesem Metier getummelt hatte. Er hatte für fast alle namhaften Kabaretts der Stadt komponiert und Lieder getextet, er hatte Blandine Ebinger, mit der er seit 1919 verheiratet war, und Grete Mosheim begleitet, hatte Revuen für Rudolf Nelson geschrieben und darüber hinaus Filme vertont.

Die Einnahmen aus *Der blaue Engel* waren es auch, die es ihm ermöglichten, seine künstlerischen Intentionen nun in einem eigenen Theater zu verwirklichen. Hollaenders *Tingel-Tangel* mit Hedi Schoop, Marion Palfi, Hubert von Meyerinck und Blandine Ebinger wurde zu einer Sensation. Ein Highlight bei der Eröffnung des Hauses am 7. Januar 1931 war Marlene Dietrich, die gerade aus Amerika zurückgekehrt war und tosenden Beifall erhielt, als sie nach der großen Pause Songs wie *Ich bin von Kopf bis Fuß auf Liebe eingestellt* vortrug. Im *Tingel-Tangel* wurde aber auch mit Liedern wie *An allem sind die Juden schuld* gegen den Ungeist der Zeit gekämpft: „Ob das Telefon besetzt ist, ob die Badewanne leckt, ob dein Einkommen falsch geschätzt ist, ob die Wurst nach Seife schmeckt – an allem sind die Juden schuld! Die Juden sind an allem schuld. Wieso, warum? Sie sind dran schuld...".[13] Beide Nachfolger Trude Hesterbergs sind nur knapp dem Terror der braunen Machthaber entkommen.

Im *Theater des Westens* setzte nach 1933 Blandine Ebinger noch für kurze Zeit die Kabaretttradition fort. Aber selbst das eher harmlose Programm, das danach Walter Gross, Günther Lüders und Walter Lieck anboten, missfiel den Nationalsozialisten. Die Bühne wurde am 10. Mai 1935 von der Gestapo geschlossen und die Betreiber in das KZ Esterwegen gebracht.

Das *Theater des Westens* war nicht der einzige Kabarett-Standort in der Kantstraße. Neben dem weniger bedeutenden *Café Hawai* in der Nr. 122, das mit Kabarett und Tanz über die Runden zu kommen trachtete, wartete in der Nr. 162 an der Ecke Joachimsthaler Straße die *Rakete* mit einem meist anspruchsvollen Programm auf. In diesem 1920 vom Theaterunternehmer Eugen Robert eröffneten Kabarett traten Max Adalbert, Käthe Dorsch, Paul Morgan, Fritz Grünbaum, Kurt Gerron, Wilhelm

Programmzettel des Kabaretts *Rakete*, 1921

Horst Behrend, 1960er-Jahre

Bendow, Joachim Ringelnatz, Otto Reutter und Rosa Valetti auf, die kurzzeitig auch in der Direktion Akzente setzte.[14]

Nicht immer waren es namhafte Kabarettisten, die in der *Rakete* das Programm bestritten. Im Sommer 1921 erlebte das Publikum den eher ungelenken Auftritt des Erzherzogs Leopold Ferdinand von Österreich, der sich, nachdem er auf seinen Titel und alle damit verbundenen Rechte verzichtet und mit ziemlich vielen Skandalgeschichten allen europäischen Zeitungen Schlagzeilen geliefert hatte, als Leopold Wölfling durchzuschlagen suchte.[15] Er konnte noch in der *Berliner Morgenpost* über „Habsburgerinnen, die ich kannte" berichten, das Erscheinen seiner Me-

moiren (1935) hat er schon nicht mehr erlebt. 1924 machte in der *Rakete* der begnadete Conférencier und Komponist Kurt Robitschek mit dem Komiker Paul Morgan als Kodirektor das *Kabarett der Komiker* auf, eines der bedeutendsten Kabaretts vor 1933, das jedoch schon ein Jahr später an das obere Ende des Kurfürstendamms zog.

Seit 1956 gehört ein weiteres Theater zum Kulturstandort *Theater des Westens*, die *Vaganten Bühne*. Die Spielstätte richteten Horst Behrend (2.3.1913 Stettin – 22.11.1979 Berlin) und Günter Rutenborn (8.4.1912 Dortmund – 17.12.1976 Berlin) im Keller des *Delphi* ein, um ihrer 1949 gegründeten Theatertruppe, die – mittelalterlichen Wanderschauspielern gleich – frei durch die Lande gezogen war, eine feste Spielstätte zu geben.[16] Mit Autoren wie Sartre, Genet, Anouilh, Ionesco, Mrożek, Tardieu und Osborne strebte die *Vaganten Bühne*, die ab 1952 von Horst Behrend allein geleitet wurde, danach, sich als Avantgarde-Theater im Berliner Kulturbetrieb zu behaupten. Anfangs

Durchgang zur *Vaganten Bühne* am *Theater des Westens*, 2017

gelangten die Produktionen des Theaters in beiden Teilen der Stadt, aber auch in Görlitz, Wittenberg und Potsdam zur Aufführung. „Hier", so meinte Intendant Behrend damals mit Blick auf die ostdeutsche Theatersituation, „besteht eine echte Ansprechbarkeit und ein echtes Bedürfnis – im Westen ist das Theaterpublikum zum größten Teil so elend versnobt und so fies satt."[17] Auch nach dem Tode seines Gründers bot das Theater unter der Leitung der Söhne Rainer und Jens-Peter Behrend zeitgenössische Dramen, aber auch anspruchsvolle Unterhaltung. Nach dem Tode

des Bruders ist heute Jens-Peter Behrend allein für die *Vaganten Bühne* zuständig. Mit Aufführungen, die manchmal auch in ein Hotel verlegt werden, setzt er die vom Vater begründete Vaganten-Praxis fort.

„Der Westen wurde erst allmählich vom Kintopp erobert. Berlin W. lächelte über dieses harmlose Vorstadtvergnügen", so der Grafiker und Schriftsteller Edmund Edel über den Einzug des neuen Mediums in Berlin.[18] Dennoch sollte es nur wenige Jahre dauern, bis sich der Neue Westen nahe Zoo und Kurfürstendamm als das eigentliche Zentrum der Berliner Kinolandschaft etabliert hatte. Auch die Kantstraße spielte dabei eine Rolle. Dort entstanden 1905 an der Ecke Leibnizstraße in der Nr. 130b die *Residenz Lichtspiele* als erstes Kino in Charlottenburg. Es hat sich bis

Prinzess-Theater, Kantstr. 163
Licht am Zoo und Kaiser Wilhelm-Gedächtniskirche

Prinzess-Theater, Kantstraße 163

1943 gehalten. Dieses Kino wie auch die von 1907 bis 1920 in der Nr. 120/121 ansässigen *Schiller-Lichtspiele* gehörten zu den kleinen Kiez-Kinos. Das 1911 in der Nr. 162 in Betrieb genommene *Olympia* (ab 1949 *Palette am Zoo*) überstand zwar den Zweiten Weltkrieg unbeschadet. Genutzt hat es dem Kino aber wenig, weil es sich nun in der „toten" Ecke zwischen der Ruine von Teppich Kibek, Schimmelpfeng-Haus und einem „Tanzpalast" wiederfand und schwer um

sein Publikum zu kämpfen hatte. Das Kino musste 1999 schließen.[19]

Das 1911 nebenan in Nr. 163 eingebaute *Prinzess-Theater* (ab 1921 *Richard Oswald-Lichtspiele*, ab 1938 *Victoria Kino*), das im Zweiten Weltkrieg zerstört wurde, hatte ab 1919, nach der Übernahme des Kinos durch Richard Oswald Bemerkenswertes im Programm. Oswald (5.11.1880 Wien – 11.9.1963 Düsseldorf) hatte sich als Schauspieler, Dramaturg und Regisseur betätigt, bevor er mit seiner 1916 gegründeten eigenen Produktionsfirma rund einhundert Filme fast aller Genres – darunter auch *Unheimliche Geschichten* (1919), einer der ersten Horrorfilme – produzierte, sich aber auch an Themen wagte, die mancherorts die Staatsanwaltschaft auf den Plan riefen: Er erfand den Aufklärungsfilm. Aber es war nicht Sexualkunde, um die es ihm ging. Vielmehr popularisierte er mit Filmen wie *Das Tagebuch einer Verlorenen* (1918) und *Anders als die anderen* (1918/19) Anschauungen, die von Sexualforschern wie Magnus Hirschfeld und Iwan Bloch verbreitet wurden. Mit seinen Filmen trat Oswald für die Bekämpfung der Geschlechtskrankheiten und für die Abschaffung des Anti-Homosexuellen-Paragrafen 175 Strafgesetzbuch ein. Aber schon 1925 ging Oswald bankrott. Er widmete sich jedoch auch bei der Nero-Film AG, die er zusammen mit Heinrich Nebenzahl gründete, weiterhin politisch und gesellschaftlich brisanten Stoffen, wie der Ermordung Walther Rathenaus. 1933 wurde *Ein Lied geht um die Welt* mit dem Tenor Josef Schmidt ein Riesenerfolg. Die Uraufführung konnte Oswald selbst nicht miterleben, weil er seiner jüdischen Herkunft wegen ins Exil getrieben worden war.[20]

Eines der traditionsreichsten Lichtspielhäuser in der Kantstraße ist das *Kant-Kino*, das 1912 in der Nr. 54 als *Kant-Lichtspiele* eröffnet wurde. Auch dieses Kino hat eine bewegte Vergangenheit. Seine

Durchgang zu den *Kant-Lichtspielen*, 1929

Kant-Kino, 2017

Glanzzeit waren die Jahre 1976 bis 1983. Damals brachte der 25-jährige Pächter Reinhard (Conny) Konzack Leben in das schon ein wenig heruntergekommene Kino. Vor allem mit Auftritten von Bands – was völlig neu war für Berlin: The B-52s (in Jogginghosen), Spliff (mit ausgestrecktem Mittelfinger) und Jango Edwards (so ziemlich ohne alles).[21] Aber nicht nur Punk und New Wave wurde geboten. Auch der Jazzpianist Mal Waldron, die Erste Allgemeine Verunsicherung, AC/DC, Iggy Pop, The Police und die Simple Minds, die sich für ihren Auftritt in ihrem Album *Empires and Dance* mit einem nach dem Kino benannten Stück bedankten, sorgten für Begeisterung im Saal und Tumult in der Nachbarschaft. Es kam, wie es kommen musste. Das Ordnungsamt griff ein und gestattete keine Konzerte mehr nach 22 Uhr.

Obwohl seit 1997 mit fünf unterschiedlich gestalteten Sälen ausgestattet, vermochte es das Kino nicht, sich dem allgemeinen Kinosterben zu entziehen. Als im Oktober 2001 die bisherigen Betreiber den Spielbetrieb einstellten, waren es Kino-Enthusiasten um den Regisseur Wim Wenders, die für ein Fortleben sorgten. Die unter großer Anteilnahme von Publikum und Medien am 10. Januar 2002 eröffneten *Neuen Kant Kinos* setzen heute auf Kunst- und Kultfilme und Filme in Originalfassung.

Das größte Kino in der Kantstraße, der *Delphi Filmpalast*, ist 1948/49, in denkbar schweren Zeiten, in der ausgebombten Ruine des ehemaligen *Delphi Tanzpalastes* eingebaut worden.[22] Ausgerechnet ein Luxuskino hatte der erfahrene Kinomann Walter Jonigkeit (24.4.1907 Berlin – 25.12.2009 Berlin) errichten wollen, und das ist ihm mit der Unterstützung von Ernst Reuter, der gegenüber in der Fasanenstraße wohnte, auch gelungen. Denn Berlins Regierender Bürgermeister sorgte dafür, dass regelmäßig Zement und Ziegel vor der Ruine abgeladen wurden. Am 3. November 1949 flimmerte im mehr als eintausend Sitze bietenden Saal, dem damals größten der Stadt, mit modernster Technik

Delphi Filmpalast, 2017

zum ersten Mal ein Film über die bundesweit größte Leinwand: *Lord Nelsons letzte Liebe* mit Vivian Leigh und Laurence Olivier.

Walter Jonigkeit, der noch im Alter von einhundert Jahren regelmäßig Dienst in seinem Kino tat, erlebte gute Jahre in diesem Haus. Gerade zu Anfang, als die Leute in Scharen kamen, „sie hatten ja nichts anderes". Allerdings ließ sich Jonigkeit auch eine Menge einfallen, um sein Publikum anzulocken. Zur Premiere des Hollywood-Spektakels *Cleopatra* Anfang der 1960er-Jahre beispielsweise ließ er Studenten, die er in Lederwamse steckte, allabendlich mit brennenden Fackeln vor dem Eingang Spalier stehen. „Eine dolle Reklame" sei das gewesen – wie auch die Stars, die sich bei ihm blicken ließen: Hans Albers, James Stewart, Gary Cooper, William Holden, Danny Kaye und Ava Gardner, „eine sehr nette Frau, die es immer eilig gehabt hat".[23] Dass Jonigkeit sich stets für aufwendige Filme entschied, auch wenn der Verleih teuer war, zahlte sich aus. Viele Jahre war das *Delphi* das Kino mit den längsten Spielzeiten. *Ben Hur* lief fünfzig, *My Fair Lady* sogar 52 Wochen. 1952 wurde das Haus Festspiel-Kino der II. Internationalen Filmfestspiele. Es ist noch immer bei jeder Berlinale dabei. Der Einbruch, den die Kinolandschaft ab Ende der 1980er-Jahre erlebte, ging aber auch am *Delphi* nicht spurlos vorbei. Als er 1984 kurz vor dem Aus stand, griff Jonigkeit zu einer Verjüngungskur, machte Georg Kloster und Claus Boje zu Teilhabern und stand mit ihnen alle Krisenzeiten durch. 2009 wurde das *Delphi* als eigenständiges Mitglied in die Yorck-Gruppe aufgenommen.

SCHAUSPIELER UND FILMEMACHER

Adalbert Matkowsky vor dem *Schauspielhaus am Gendarmenmarkt*, 1902

Es hat ein wenig gedauert, bis Schwung in das Theaterleben Charlottenburgs kam. Aber vom Ende des 19. Jahrhunderts an haben zahlreiche Theatergründungen innerhalb von wenig mehr als zwei Jahrzehnten aus dem Neuen Westen eine Theaterstadt von Rang gemacht. Dem Start mit dem *Theater des Westens* folgte 1907 die Eröffnung des *Schiller-Theaters* in der Bismarckstraße, mit dem die Stadtväter für ein „Volkstheater" auch für die weniger bemittelten Schichten sorgen wollten. Nach dem Ersten Weltkrieg machten kleine, privat geführte Theater von sich reden, die Uraufführungen zeitgenössischer Stücke boten und dem neuen expressionistischen Inszenierungs- und Darstellungsstil verpflichtet waren. Darunter die 1919 in der Berliner Straße (Otto-Suhr-Allee) eröffnete *Tribüne*. Von 1922 an erregte Charlottenburg darüber hinaus mit dem *Renaissance-Theater* in der Hardenbergstraße Aufsehen. Denn das Haus

hatte gesellschaftskritische Stücke im Repertoire und zeichnet sich durch eine exquisite Ausgestaltung im Stil des Art déco aus. Ab 1925 verfügte Charlottenburg überdies mit dem *Theater am Nollendorfplatz* – bis dieser Bereich an Schöneberg angegliedert wurde – über eine Bühne von überregionaler Bedeutung. Das war Gastspielen des *Deutschen Theaters* und sozialkritischen Inszenierungen Erwin Piscators zu verdanken. Schließlich schloss sich auch Max Reinhardt, der bedeutendste Theaterleiter Berlins, dem „Zug nach dem Westen" an. Nachdem er 1924 mit der *Komödie am Kurfürstendamm* ein Gegenstück zu seinen *Kammerspielen* in der Schumannstraße etabliert hatte, übernahm er vier Jahre später zusätzlich das nebenan gelegene *Theater am Kurfürstendamm*, das bis heute gute Unterhaltung bietet.

Zusammen mit den im Neuen Westen ansässigen Bühnen wurde Berlin die Theatermetropole der Zeit.

Von der Heerschar der Schauspielerinnen und Schauspieler, die es deswegen in die Reichshauptstadt zog, nahm die Kantstraße, wie die entsprechenden Jahrgänge des *Deutschen Bühnen-Jahrbuchs* beweisen, Dutzende auf. Manchmal nur für eine oder mehrere Spielzeiten, andere langfristig.

Adalbert Matkowsky (eigentlich Matzkowsky; 6.12.1857 Königsberg – 16.3.1909 Berlin), der – heute fast vergessen – um 1900 zu den Stars des deutschen Theaters zählte, verbrachte die letzten neun Lebensjahre mit seiner Familie in einer hochherrschaftlichen Doppelwohnung. Den im Eckhaus an der Joachimsthaler Straße gelegenen Flügel bewohnten seine Frau Helene und Sohn Berti. Ihm ließ der Schauspieler in der Küche ein riesiges Puppentheater installieren, „ein Kunstinstitut mit Beleuchtung und Versenkung"[1]. Er selbst bezog die benachbarte Kantstraße 3/4.

Matkowskys Wohnung war, so der Schriftsteller Max Kretzer, ein „Museumsheim", „wo er, angetan mit einer Mönchskutte, umherging und sich selbst Inspiration gebend, dem Harmonium seine Klänge entlockte"[2]. Dem Journalisten Arthur Eloesser erschien sie wie „ein Palast, eine Kapelle, eine Trinkstube, eine Rüstkammer", vollgestopft mit wertvollem Mobiliar, antikem Kunsthandwerk und Waffen.[3] Der Umzug in die Kantstraße erfolgte auf eine sehr ungewöhnliche Weise: Kein einziges Möbelstück wurde auf der Straße transportiert. Denn Eugen Brasch, Hauswirt und Besitzer des ganzen Wohnblocks, der sich von der Hardenbergstraße die Joachimsthaler Straße entlang in die Kantstraße zurückbog, hatte, um dem Schauspieler den Umzug so bequem wie möglich zu machen, kurzerhand die Rückwand der beiden Häuser durchbrechen und nach dem Umzug die Öffnung wieder zumauern lassen.[4] Seit 1899 am *Königlichen Schauspielhaus* engagiert, trat Matkowsky besonders als Shakespeare-Interpret hervor. Das Pub-

Blick in Matkowskys „Museumsheim"

36

likum war von dem großen, sehr männlichen Schauspieler begeistert. Fontane weniger: „Ich bin Anti-Matkowsky, halte seine ganze Spielweise für eine Verirrung und finde diesen nach dem Prinzip von Flut und Ebbe hergerichteten Wechsel von Stentorschreiereien und flüsterndstem Geflüster vorwiegend komisch."[5] „Vielleicht hätte er es", so sinniert man in einem Nachruf auf den Künstler, „zu höheren Jahren gebracht, wenn er den Weibern und dem Wein weniger gehuldigt, wenn er durch forcierte Gastspieltouren seine Nerven weniger überspannt hätte […]."[6]

Am *Schauspielhaus* war es Rudolf Christians (15.1.1869 Middoge/Wangerland – 7.2.1921 Pasadena/Kalifornien), einst Bewohner der Kantstraße 125, der sich im Fach „jugendliche Helden" neben Matkowsky behaupten konnte. Bei *Lutter & Wegner* ist es ihm weniger gelungen. Dort hat ihn sein berühmter Kollege kurz vor dem Auftritt einmal fast außer Gefecht gesetzt. „Wer mit dem Löwen zur Tränke geht, der muß sich vorsehen"[7], so der kühle Kommentar des Älteren nach der Aufführung, die allen Beteiligten ein Höchstmaß an Improvisation abverlangte.

Selbst der Weltstar Alexander Moissi (2.4.1879 Triest – 23.3.1935 Wien) war während mehrerer Spielzeiten in der Kantstraße ansässig, in den Jahren 1903 bis 1905 in der Nr. 75, während der Saison 1910/11 mit Ehefrau Maria Urfuß in der Nr. 44/45. Moissi wurde in Triest als Sohn eines wohlhabenden albanischen Kaufmanns und Reeders und einer Mutter mit italienischen Vorfahren geboren. Der Start seiner Karriere verlief holprig. Hätte nicht der berühmte Josef Kainz am Wiener Burgtheater das Talent des blutjungen Moissi erkannt, wäre er glatt gescheitert, denn seine Prüfer hielten ihn seines starken Akzents wegen für „zum Schauspieler nicht geeignet".[8] Auch in Berlin erging es ihm anfangs nicht besser. Obwohl von Max Reinhardt protegiert, fielen die ersten Kritiken katastrophal aus. „Ein Schauspie-

Alexander Moissi, 1912

ler, der so rein gar nichts kann, von so unangenehmer, nichtiger Erscheinung, der keinen Ton in der Kehle hat, nicht deutsch spricht, wie eine Marionette mit Kopf, Armen und Beinen um sich schlenkert, in einer Liebhaberrolle – das ist noch nicht gesehen worden."[9] Max Reinhardt dagegen imponierte Moissis melodiöse Stimme und sein verwegener Akzent. Erst als Alfred Kerr den Schauspieler sah und voller Enthusiasmus über ihn schrieb, erlebte Moissi einen kometenhaften Aufstieg. In den Zwischenkriegsjahren wurde er auf seinen Tourneen als Superstar gefeiert wie sonst nur Enrico Caruso und Rudolph Valentino. Doch in Berlin begann sich das Blatt zu wandeln. Politische Theatermänner wie Jessner, Piscator

Fritz Kortner, 1948

Straßen und möblierte Zimmer ineinander: Kant-, Mommsen-, Wilmersdorfer-, Grolman- und wie sie alle hießen, die möblierten Wirtinnen-Straßen von Berlin W."[11] „Schön sind Sie gerade nicht. Aber bei Reinhardt sind alle mies. Da gehören Sie hin", hatte ihm ein Bekannter geraten und damit auf eine ziemlich drastische Weise bestätigt, wovon der Wiener selbst überzeugt war.[12] Denn es waren Otto Brahm und Max Reinhardt, von denen er lernen wollte. Frustriert über die kleinen Rollen, die ihm bei Reinhardt zugewiesen wurden, enttäuscht auch über die längere Abwesenheit des Theaterleiters, der den *Jedermann* in Salzburg probte, kündigte Kortner sein Engagement schon 1913 wieder auf. Es folgten Wanderjahre von Bühne zu Bühne. Auch begann er im Film Fuß zu fassen. Nach Stummfilmen führte Kortner bei *Der brave Sünder* (1931) mit Heinz Rühmann in der Hauptrolle zum ersten Mal Regie, dann in mehr als hundert weiteren Filmen. Eine seiner wichtigsten, wenn nicht die Rolle seines Lebens wurde der Shylock im *Kaufmann von Venedig*, den er auch am *Staatlichen Schauspielhaus* in Berlin gab. „Es gibt in Deutschland", so Alfred Kerr, „keinen Sprecher, der das Wort von dem blutenden Menschen, wenn man ihn sticht, so hinreißend, so einfach, so eindringlich, so tief erlebensvoll herausbrächte wie dieser Kerl."[13] Als Kortner nach 14-jährigem Exil nach Deutschland zurückkam, führte er Regie an vielen deutschen Bühnen, in Berlin vor allem am *Schiller-Theater*. Die Zeitumstände haben dem Remigranten oft übel mitgespielt. Seiner Inszenierung etwa von O'Caseys *Preispokal* an diesem Theater war deswegen kein Erfolg beschieden, weil die Premiere ausgerechnet wenige Tage nach dem 17. Juni 1953 stattfand und das vom Kalten Krieg aufgeheizte Publikum sich von der pazifistischen Ausrichtung des Stücks provoziert fühlte. Vor dem Bühneneingang des *Schiller-Theaters* sammelte sich, so Intendant Boleslaw Barlog, ein „Menschen-

und Brecht, die eine kühlere Spielweise bevorzugten, beherrschten nun das Feld. 1920 verkörperte Moissi bei den Salzburger Festspielen, die er zusammen mit Max Reinhardt begründet hat, als erster die Titelrolle im *Jedermann*. Mit seiner Vorliebe für schöne Frauen, schnelle Autos und opulent eingerichtete Villen war er für diese Rolle geradezu prädestiniert. Er verließ 1934 das Land, nachdem ihn die nationalsozialistische Presse als „Juden mit gefährlichen Ideen" geschmäht hatte.[10] Moissi – übrigens Großvater des Investors und Kunstsammlers Nicolas Berggruen – starb 1935 in Wien.

Nachdem Max Reinhardt auch den blutjungen österreichischen Schauspieler mit dem Künstlernamen Fritz Kortner (eigentlich Fritz Nathan Kohn; 12.5.1892 Wien – 22.7.1970 München) an seine Bühne geholt hatte, wurde dieser Untermieter in der Kantstraße 24: „Dem rückgewandten Auge fließen

knäuel", dessen „Unmutsäußerungen nichts Gutes vermuten ließen. Ich begleitete Kortner zu seinem Auto. Er wurde auch ziemlich bösartig attackiert, aber es gelang mir, mit gutem Zureden, und wenn es sein mußte, auch mit ein bißchen Handgreiflichkeit, die aufgebrachten Menschen von ihm abzudrängen, [...]. [...] einige unüberhörbare antisemitische Zwischenrufe trafen Kortner schwer."[14] Dennoch gelangen Kortner mit Curt Bois, Erich Schellow, Carl Raddatz und Heidemarie Theobald am *Schiller-Theater* Aufführungen, die Theatergeschichte machten.

In den Jahren 1934 bis 1937 war auch die in Berlin ausgesprochen beliebte Schauspielerin Roma Bahn (30.10.1896 Berlin – 11.1.1975 Bonn) in der Kantstraße, in der Nr. 10, ansässig. Sie gehörte lange Jahre zum Ensemble des *Deutschen Theaters* und hat dort 1928 als Polly Peachum in der Uraufführung von Brecht/Weills *Dreigroschenoper* einen ihrer größten Erfolge feiern können.

Nicht weit davon entfernt, in der Nr. 8, hatte sich bereits 1929 Camilla Spira (1.3.1906 Hamburg – 25.8.1997 Berlin) angesiedelt. Sie triumphierte ein Jahr später als Wirtin in Erik Charells *Weißem Rössl*. Frühzeitig wurde der Film auf sie aufmerksam. War sie eben noch für die mustergültige Darstellung „der deutschen Frau" im Film *Morgenrot* (1933), ein Heldenepos auf die Opferbereitschaft zweier U-Boot-Fahrer, gelobt worden, galt die „Halbjüdin" kurze Zeit später als unerwünscht. Dass sie von Anfang an im Jüdischen Kulturbund mitmachte, half ihr, die Ausgrenzung, die sie als tiefe Erniedrigung empfand, zu überstehen. 1938 beschloss Camilla Spira, mit ihrem jüdischen Ehemann Hermann Eisner (16.10.1897 Gleiwitz – 29.10.1977 Berlin), der Rechtsanwalt und Vorstandsmitglied des Engelhardt-Konzerns war, und den beiden Kindern zu emigrieren. Ihr Mann hatte sich lange dagegen gesträubt. „Er war so deutsch", erklärte sie in einem Interview, „ich versuchte ihm klar-

Camilla Spira und Hermann Eisner in Bad Gastein, 1932

zumachen, dass keine Arbeitslager warteten, sondern der Tod."[15] Die Familie floh nach Amsterdam, wurde jedoch von den deutschen Besatzern gefasst und 1943 in das Durchgangslager Westerbork verbracht. Wie eine kleine Stadt verfügte das Lager über einen Kindergarten, ein Krankenhaus, eine Synagoge und über einen Theatersaal. Dort trat Camilla Spira wieder als *Rössl*-Wirtin auf. „Die Leute haben sich so amüsiert und saßen da in Lumpen. [...] Diese Lachsalven, diese Begeisterung – die Leute haben in dem Moment alles vergessen. Und das war grauenvoll, denn am nächsten Morgen ging es in den Tod."[16] Dank des „Rassereferenten" Hans Georg Calmeyer, der bei „rassischen Zweifelsfällen" zu entscheiden hatte, ob jemand als „Volljude" zu werten sei, und einer Notlüge ihrer nichtjüdischen Mutter, die vorgab, dass ihre Tochter nicht das Kind des jüdischen Schauspielers Fritz Spira, sondern das eines „arischen" Liebhabers sei, wurde

Max Beckmann: *Familienbild George*, Öl auf Leinwand, 1935

Camilla Spira nach sieben Monaten mit ihren Kindern entlassen. Auch ihr Mann überlebte. 1947 nahm Spira in Berlin die Arbeit am Theater wieder auf. Hermann Eisner fungierte, nachdem er seine Wiederzulassung als Anwalt erhalten hatte, noch bis 1973 als Notar und als Vorstandsmitglied verschiedener Getränkehersteller und Brauereien. In den folgenden Jahren drehte Camilla Spira mehr als fünfzig Kinofilme. Darunter *Des Teufels General* (1952) mit Curd Jürgens und *Rosen für den Staatsanwalt* (1959). Einen bewegenden Auftritt hatte sie 1990 im *Renaissance-Theater*. Dort ließen sie und ihre Schwester, die Schauspielerin Steffie Spira, die nach Mexiko emigriert war und danach die Theaterkultur der DDR mitprägte, die Jahre des Exils und die künstlerische Arbeit in den beiden deutschen Staaten Revue passieren.

Ein Jahr später als Camilla Spira, im Spätsommer 1930, zog auch Berta Drews (19.11.1901 Berlin – 10.4.1987 Berlin), die Karl Heinz Martin gerade an der *Volksbühne* engagiert hatte, in die Kantstraße, in eine kleine, an der Uhlandstraße gelegene Wohnung in der Nr. 151. „Wenn ich meine Wohnung verlasse", so schreibt sie in ihren Memoiren, „– diesmal nun zwei möblierte Zimmer mit allem Komfort, bitte sehr, – sind es vielleicht hundert Schritte bis zum Kurfürstendamm. Zwar rattert die Stadtbahn in der Höhe meiner Fenster alle zehn Minuten vorbei und die Erde bebt. Aber das merke ich nach drei Tagen nicht mehr."[17] Es blieb nicht bei einem „Abschiedspilsener", das die Schauspielerin und ihr berühmter Kollege Heinrich George (1893–1946) im Restaurant *Cassel* in der Kantstraße 148 zu genießen pflegten, vielmehr zog sie wenig später in dessen Villa am Kleinen Wannsee ein. Nach der Heirat wurde 1931 Sohn Jan-Albert, 1938 Sohn Götz geboren. Drei Jahre zuvor hat Max Beckmann, der schon länger mit dem Schauspieler befreundet war, die Familie porträtiert: ein die Szene beherrschender George, dem die grazile Souffleuse Charlotte Habecker beim Rollenstudium assistiert, seine ihm zu Füßen kniende Frau Berta, Sohn Jan und Dogge Fellow II. Nicht ausgeschlossen, dass die unübersehbare Dominanz ihres Mannes der jungen Frau zu schaffen machte und sie, die obendrein krankheitsbedingt erschöpft war, zu einer dreijährigen Auszeit von der Theaterarbeit veranlasste. Sie trat erst 1938 in das Ensemble des nunmehr von ihrem Mann geleiteten *Schiller-Theaters* ein. Ihr Mann habe als Theaterleiter, so Berta Drews, allenfalls „passiv nationalsozialistische Politik gemacht", habe sich als „überaus populäre Figur politisch und propagandistisch ausnutzen lassen"[18]. Dass George, der einst mit den Kommunisten sympathisiert hatte, sich mit den Nationalsozialisten arrangierte, hat er als Häftling des sowjetischen Speziallagers Sachsenhausen schwer gebüßt. Die Inhaftierung kostete ihn das Leben. Seine Frau kehrte 1951 an das *Schiller-Theater* zurück und brillierte unter anderem als Eliza in Shaws *Pygmalion*. Darüber hinaus war sie eine beliebte Film- und Fernsehdarstellerin. Zu ihren bekanntesten Filmen gehört *Anastasia, die letzte Zarentochter* (1956), herausragend ihre Rolle als Oskar Matzeraths Großmutter in Volker Schlöndorffs Verfilmung der *Blechtrommel* (1979) von Günter Grass.

Auch Herwart Grosse (17.4.1908 Berlin – 27.10.1982 Berlin) hatte Heinrich George 1937 an das *Schiller-Theater* geholt. Damals wohnte er in der Kantstraße 124. Er war anschließend von 1946 bis 1982 eine der prägenden Kräfte des *Deutschen Theaters*. Der Mime mit dem Charakterkopf und den scharfgeschnittenen Gesichtszügen und einer wandelbaren Stimme wurde bald – im Film wie im Fernsehen – auf die Verkörperung negativer Charaktere festgelegt.[19] Über Grosses Darstellung des I.G.-Farben-Direktors von Decken im DEFA-Streifen *Der Rat der Götter* (1950) schrieb der Regisseur Günther Rücker 1995: „Junge Leute empfinden heute die Darstellung der Schicht deutschen Herrentums in damaligen DEFA-Filmen als überzogene Karikatur. Wie groß ist ihr Erstaunen, wenn sie ihnen dann in alten Wochenschauen begegnen. Grosse kannte Gestus und Sprache jener Jahre."[20]

Bei zwei einstigen Kantstraßen-Bewohnern war es jeweils ein Film, der sie bekannt machte. Rolf Wenkhaus (9.9.1917 Berlin – 31.1.1942 vor der westirischen Küste) wurde bereits mit 14 Jahren als Emil Tischbein in der Erstverfilmung von Kästners *Emil und die Detektive* (1931) berühmt, für die der damalige *BZ*-Reporter Billy Wilder das Drehbuch lieferte. Der Erfolg des Films war, wie Kästners Protagonist sagen würde, „kolossal". Als Wenkhaus in der Kantstraße 160 wohnte, nicht weit entfernt vom Bahnhof Zoologischer Garten, einem der Drehorte des *Emil*, war er am *Komödienhaus am Schiffbauerdamm* engagiert. Er kam mutmaßlich als Besatzungsmitglied eines viermotorigen Bombers ums Leben, der am 31. Januar 1942 vor der westirischen Küste abgeschossen wurde.[21]

Der Kunsthistoriker und Regisseur Hanns Walter Kornblum (8.2.1878 Neuteich – 17.1.1970 Berlin), 1912 in der Kantstraße 129 ansässig, hat mit dem Kulturfilm *Wunder der Schöpfung* (1925) Aufsehen erregt. Bei diesem Film, einem der ersten, der sich eines rein wissenschaftlichen Themas annahm, führte Kornblum nicht nur Regie, er lieferte auch das Drehbuch. Mit großem Aufwand gedreht, versuchte der Film das damalige Wissen über Erde und Weltall zu veranschaulichen. Dafür durchquert ein Raumschiff die Milchstraße und macht mit sämtlichen Planeten und ihren jeweiligen Besonderheiten vertraut.[22]

Die Tradition, von einer kleinen Behausung in der Kantstraße aus Bühne und Film zu erobern, hat Klausjürgen Wussow (30.4.1929 Cammin – 19.6.2007 Rüdersdorf bei Berlin) fortgesetzt. Als er dort ein kleines möbliertes Zimmer bewohnte, besuchte er gerade die Schauspielschule des *Hebbel-Theaters*.[23] Es folgten

Frank Giering im stilwerk, 2010

lange Jahre am Wiener Burgtheater, bevor er 1984 in die Rolle des Professor Brinkmann in der Fernsehserie *Die Schwarzwaldklinik* schlüpfte. Sie schien ihm so auf den Leib geschneidert, dass mancher, der dem Schauspieler begegnete, nicht recht zwischen Rolle und Person zu unterscheiden vermochte, Wussow selbst vielleicht auch nicht immer. Seine Autobiografie *Mein Leben als Chefarzt – Professor Brinkmann und ich* ist ein gründlicher Versuch, die Verhältnisse zu klären.[24]

Für den früh verstorbenen Frank Giering (23.11.1971 Magdeburg – 23.6.2010 Berlin) war die kleine Ein-Zimmer-Wohnung in einem schräg gegenüber dem stilwerk gelegenen Neubau das erste eigene Heim.[25] Giering wurde als gnadenloser Killer in Michael Hanekes Film *Funny Games* (1997) über Nacht bekannt. Er hat viele Mörder und Psychopathen gespielt. „Das konnte kaum einer so gut wie er, so verletzlich, so schüchtern – und im nächsten Augenblick so eiskalt und brutal.“[26] Aber er hat auch Filme gedreht, in denen gelacht wird. Die Rolle des Floyd in Sebastian Schippers melancholischer Komödie *Absolute Giganten* brachte ihm im Jahr 2000 die Auszeichnung als bester Darsteller beim Internationalen Filmfest in Sotschi ein. Nach Filmen wie *Baader* (2002) mit Giering als Anführer der Rote Armee Fraktion, der auf der Berlinale teilweise auf heftige Ablehnung stieß, zog sich der empfindsame, um Anerkennung ringende Schauspieler fast komplett aus dem Filmgeschäft zurück und verlegte sich auf Fernsehproduktionen wie die ZDF-Serie *Der Kriminalist*, in der er an der Seite von Christian Berkel die Rolle des Kommissars Henry Weber spielte. Giering starb mit nur 38 Jahren während der Dreharbeiten an dieser Produktion.

KÜNSTLER UND KUNSTSCHULEN

Hochschule für bildende Künste (links) und Hochschule für Musik, 1910

Rund zwanzig Jahre nach der Technischen Hochschule öffnete 1902 an der Hardenbergstraße in einem prächtigen neobarocken Putzbau, den die Architekten Kayser & von Großheim entworfen hatten, die Königliche Hochschule für die bildenden Künste ihre Tore. Damit mauserte sich Charlottenburg nicht nur zu einem bedeutenden Hochschulstandort. Die Stadt etablierte sich zugleich als ein für den ganzen Berliner Raum wesentliches Zentrum der Kunstvermittlung. Dafür standen Ausbildungsstätten zur Verfügung, die das ganze Spektrum damaliger künstlerisch-pädagogischer Unterrichtsformen abdeckten.

An der von Anton von Werner geleiteten Hochschule war die Lehre noch stark von der wilhelminischen Kunstauffassung dominiert. Frauen war überdies bis 1919 der Zugang verwehrt. Aber diejenigen, die nach einer Alternative zur elitären, konservativen Ausbildung der Hochschule Ausschau hielten, zum Beispiel junge Frauen, die nicht erst auf eine „Revolution" warten wollten, fanden in den Studienateliers Lewin-Funcke und an der Privaten Kunstschule des Westens, beide nahe beieinander in der Kantstraße ansässig, adäquate Einrichtungen.

Dass sich der Neue Westen zu einem Kunststandort von überregionaler Bedeutung entwickelte, dass

Berlin zu einer Metropole der Kunst wurde, das ist hauptsächlich einer Einrichtung zu verdanken, die sich nicht weit entfernt von der noch im Bau befindlichen Kunsthochschule ansiedelte, der Berliner Secession.

Das erste Ausstellungshaus dieser Künstlervereinigung wurde am 19. Mai 1899 in der Kantstraße 12 im Terrassengarten, der zum *Theater des Westens* gehörte, eingeweiht. Ausgerechnet eine stille, menschenleere Landschaft Walter Leistikows, das düster-geheimnisvolle Gemälde *Grunewaldsee*, hatte den entscheidenden Anstoß für den Bau gegeben. Denn nachdem dieses Bild ein Jahr zuvor von der Jury der Großen Berliner Kunstausstellung zurückgewiesen worden war, schien es 65 Künstlern als erwiesen, dass das, was sie alle anstrebten, in den bestehenden Institutionen nicht realisierbar war. Nämlich in überschaubaren Ausstellungsräumen mit einer ästhetisch ansprechenden Hängung „moderne", nicht-etablierte Kunst auszustellen. Mit Walter Leistikow als Organisator und Max Liebermann an der Spitze gelang es ihnen binnen weniger Monate, ein eingeschossiges Gebäude mit sieben Schauräumen und einem Büro im markanten, von einer geschwungenen Haube bekrönten Rundturm errichten zu lassen. Die Pläne für das „possierliche kleine Haus", wie Lovis Corinth es nannte,[1] hatten die Architekten Hans Grisebach und August Dinklage geliefert, während Vereinsmitglieder und großzügige Förderer für die Finanzierung sorgten.

Die wenigen Jahre, in denen die Secession ihre Ausstellungen in der Kantstraße präsentierte, waren für sie die besten. Gezeigt wurden neben Arbeiten von Mitgliedern wie Max Liebermann, Walter Leistikow, Franz Skarbina, Käthe Kollwitz und Hans Baluschek auch Werke der Münchner Secession, der Worpsweder Kolonie und ausländischer Maler wie Arnold Böcklin und Ferdinand Hodler, Wassily Kandinsky, Claude Monet, Édouard Manet und Edvard Munch. 1905 wurde, weil der Pachtvertrag nicht verlängert

No. 157. Berliner Secessions-Ausstellung, Kantstr. 12.

Kunstverlag Ernst Küssner, Charlottenburg 2.

Gruss aus Berlin-Charlottenburg.

Ausstellungsgebäude der Berliner Secession, 1900

worden war, ein Umzug erforderlich. Die folgenden Jahre am Kurfürstendamm waren überdies von Auseinandersetzungen über die machtvolle Führungsposition von Max Liebermann geprägt. Vor allem aber fiel es der Gruppe zunehmend schwer, die Arbeiten einer jüngeren Generation expressionistischer Künstler zu tolerieren. 1910 kam es zum Bruch, als 27 Künstler, die sich dieser Kunstrichtung verschrieben hatten, eine eigene, die Neue Secession gründeten und Max Pechstein zu ihrem Präsidenten machten. Diese Vereinigung konnte sich bis ins Inflationsjahr 1923 halten. Die Berliner Secession, die immer mehr zu einer „wirtschaftlichen Interessengemeinschaft" geworden war, löste sich 1932 auf.[2]

Die Secession sollte auch im Leben von in der Kantstraße ansässigen Künstlern eine wichtige Rolle spielen. Darunter Reinhold Lepsius (14.6.1857 Berlin – 16.3.1922 Berlin) und Sabine Lepsius (geborene Graef; 15.1.1864 Berlin – 22.11.1942 Bayreuth), die 1895 in eine Sieben-Zimmer-Wohnung im zweiten Stock der Nr. 162 gezogen waren.[3]

Sabine Lepsius hatte zuvor ihren Mann dazu überredet, den Wohnsitz in München aufzugeben. Ihr schien der Kunstmarkt in der bayerischen Hauptstadt mehr als gesättigt und sie war fest davon überzeugt, in Berlin eher zahlungskräftige Käufer finden zu können. Auch käme man, so argumentierte sie, „zum Mittun bei einer Kunstbewegung, die […] ein großes Ziel vor sich sehe"[4], gerade recht. Deswegen gehörte das Künstlerpaar zu den Gründungsmitgliedern der Berliner Secession. Die ersten Jahre im neuen Heim ließen sich gut an. „Wir sind inzwischen beide bekannte, ja fast berühmte Künstler geworden", notierte Sabine Lepsius 1898 in ihrem Tagebuch.[5] Die Eheleute erhielten mit ihren im impressionistischen Stil gehaltenen Porträts in den Ausstellungen der Secession gute Plätze und hatten viele Aufträge.

Das Künstlerpaar führte, um potenzielle Auftraggeber zu binden, ein gastliches Haus und suchte mit einer auf Originalität bedachten Wohnungseinrichtung zu beeindrucken. „Das räumliche Herzstück war der große Salon […], der an das Esszimmer und das Atelier Sabines angrenzte. Die Tapeten dieses Raumes hatte Walter Leistikow in einem grün und braun gehaltenen stilisierten Kastanienornament gestaltet. In das Eichenpaneel, vor dem sich der Bechstein-Flügel und eine große gelbseidene Couch raumbestimmend abhoben, waren geschnitzte Holztafeln verschiedener Herkunft eingelassen: Das waren Türen bretonischer Bettnischen, auch Totenbretter und Teile alter Sakramentshäuschen, die das Ehepaar, zusammen mit einer Reihe moderner Pariser Kleinmöbel wie Teetischchen, leichten Rohrstühlchen und eine zierliche Drehbibliothek während der gemeinsamen Frankreichreise erworben hatte. Im Esszimmer hingen Bilder ihres Vaters, Gustav Graef, und das frühe Selbstporträt von 1885 von Sabine Graef."[6] Leider strapazierten die hohe Miete, die Kosten für Köchin, Zimmer- und Kindermädchen die Kasse des Paares

Sabine Graef: *Selbstbildnis*, Öl auf Leinwand, 1885

arg. Weil die üppigen Honorare, die man ihrem Gatten zugestand – immerhin das Fünf- bis Zehnfache ihrer Porträtpreise – für den Lebensunterhalt unverzichtbar waren, versuchte Sabine Lepsius ihn, der für ein quälend langsames Arbeiten bekannt war, zu effizientem Malen anzutreiben. „Erst den Karren aus dem Dreck – dann Dante lesen"[7], lautete ihr Kommando. Immerhin: Der Salon des Paares galt im Berlin der Jahrhundertwende als etwas Besonderes, auch dank Stefan George, der dort seine Werke rezitierte. Zum erlesenen Publikum gehörten der Kunsthistoriker Heinrich Wölfflin, Hugo von Tschudi, Direktor der Nationalgalerie, Georg und Gertrud Simmel, Rainer Maria Rilke, Käthe Kollwitz und die Architekten

Leo von König porträtiert seine Frau Anna, 1934

Ludwig Hoffmann und August Endell. Wenn George las, wurde das Licht gedämpft, die Räume waren mit Blumen und einem Kupfergefäß mit Lorbeerzweigen geschmückt, und Sabine Lepsius genoss die weihevolle Stimmung mit einem Körnchen Weihrauch auf ihrer Zigarette.[8] Der anfänglichen Hochstimmung folgte jedoch bald ein Kater. „Der feierliche Ernst des Georgekreises", so Sabine Lepsius, „ermüdete mich, der ständige intellektuelle Meinungsaustausch mit den Simmels ging mir auf die Nerven, und selbst die Sphäre geistiger Konzentration, die Reinhold umgab, vermochte nicht, meine Unruhe zu stillen."[9] Sie sehnte sich danach, nicht immer nur für andere da sein zu müssen, und nach Entspannung nach einem langen arbeitsreichen Tag. Das Verhältnis zu George begann sich abzukühlen, und dass trotz aller Erfolge zunehmend Aufträge ausblieben, machte dem Künst-

lerpaar Sorgen.[10] Deswegen gab die Familie im April 1902 die repräsentative Wohnung in der Kantstraße auf und zog nach Westend, in die Ahornallee 31.

Selbst die Beziehung zur Secession wandelte sich. Reinhold und Sabine Lepsius fühlten sich von der Clique um Liebermann ausgeschlossen und distanzierten sich von der dort für ihre Begriffe überhandnehmenden sozialen „Tendenzkunst" und den neuen formalen „Revolutionen". „Wahre Porträtmalerei wird", so Sabine Lepsius, „immer angegliedert sein an ein kultiviertes Milieu und eine führende Schicht der Gesellschaft."[11]

Wesentlich länger als das Ehepaar Lepsius hat es der Maler Leo von König (28.2.1871 Braunschweig – 9.4.1944 Tutzing) in der Secession ausgehalten. Er hat dort seit 1900 regelmäßig ausgestellt und sich 1910, als eine Gruppe von Mitgliedern die „Tyran-

Leo von König: *Im Bohème-Café*, Öl auf Leinwand, 1909

nei" Liebermanns und des geschäftsführenden Sekretärs Paul Cassirer leid war, das erste Mal in den Vorstand wählen lassen. Zwar hielt es ihn nur knapp elf Monate in diesem Amt. Von der Auseinandersetzung unter anderem um Emil Nolde zermürbt, den von König fördern, Cassirer aber „auf dem Dunghaufen" sehen wollte,[12] schied er seelisch angeschlagen aus der Künstlervereinigung aus. Er ist ihr jedoch, um künstlerischer Isolation und Auftragseinbußen zu entgehen, 1915 wieder beigetreten. Ein Jahr später erneut in den Vorstand gewählt, hat er die Secession in loyaler Zusammenarbeit mit Lovis Corinth auch durch die politisch schwierigen 1930er-Jahre manövriert. Obwohl er mit einfühlsamen Porträts durchaus erfolgreich war, hat Leo von König, um seinen Lebensunterhalt abzusichern, von 1918 bis 1925 in der Kantstraße 9 eine Malschule betrieben.

Eine seiner Schülerinnen war Anna von Hansemann, Enkelin des vermögenden Bankiers Adolph von Hansemann.[13] Zum Entsetzen ihrer Mutter verliebte sich die Zwanzigjährige sofort in ihren Lehrer und setzte alles daran, seine Aufmerksamkeit auf sich zu ziehen. Sie habe, so hat sie später erzählt, nach dem Unterricht absichtlich herumgetrödelt und sich mit ausgiebigem Reinigen der Pinsel nützlich gemacht.[14] Vergeblich sträubte sich der immerhin dreißig Jahre ältere von König gegen die Annäherungen seiner Schülerin. Schließlich war er seit 1907 mit der Pariserin Mathilde Tardif verheiratet und hing an ihr wie an seiner Stieftochter. Jedoch war er dem Charme und der jugendlichen Schönheit seiner Schülerin bald erlegen und heiratete sie 1920, nachdem er sich hatte scheiden lassen.

Leo von König war bis in die 1930er-Jahre hinein ein stetiger Aufstieg vergönnt. Renommee als einer der besten Berliner Bildnismaler erzielte er nicht nur mit Porträts wie denen von Gerhart Hauptmann (1927), Ernst Barlach (1937), Käthe Kollwitz (1941) und Emil Nolde (1937). Eines seiner Meisterwerke ist auch das von Manet beeinflusste Gemälde *Im Bohème-Café* (1909), das die von Alkohol und Eros aufgeladene Begegnung des Literaten John Höxter, eines Schülers des Malers, und der Puppenmacherin Spela Albrecht im *Café des Westens* zeigt.

Den neuen Machthabern begegnete Leo von König anders als seine junge Frau zunächst mit „der fast naiv zu nennenden Überzeugung, sie seien Vernunftargumenten zugänglich"[15]. Auch porträtierte er ohne größeres Zögern Joseph Goebbels und dessen Familie. Während dieser den Künstler schätzte, lehnte Adolf Hitler ihn ab. Er verhinderte sogar, dass 1938 noch Werke von Königs in der offiziellen Kunstausstellung im Haus der Deutschen Kunst in München gezeigt

wurden. Denn Hitler missfielen die eingereichten Arbeiten von Königs dermaßen, dass er aus lauter Wut ein Loch in eines der Bilder trat.[16] Von da an wurden alle Gemälde des Künstlers aus den Museen entfernt, in Depots verbannt oder Leihgebern zurückgegeben. Zu einer Nischenexistenz im Kunstleben verdammt, von Hoffnungslosigkeit gezeichnet und des kulturellen Lebens in der Reichshauptstadt überdrüssig, zog sich von König immer mehr zurück. Seine letzten Jahre verbrachte er mit seiner Familie in der sogenannten Brahms-Villa in Tutzing, die, nachdem eine Brandbombe sein Haus in Berlin zerstört hatte, zum ständigen Wohnsitz geworden war.

Nicht nur Sabine Lepsius und Leo von König haben sich mit Malschulen über Wasser gehalten. Zu den besonders dauerhaften privaten Kunstschulen, die es in der Kantstraße gegeben hat, gehörte die Kunstschule des Westens, die Emmy Stalmann seit 1905

Kunstschule des Westens, Stilllebenklasse

Katalog der Kunstschule des Westens, 1929

in der Kantstraße 154a an der Ecke Fasanenstraße betrieb. Im Laufe ihres langjährigen Bestehens – sie wurde erst 1950 geschlossen – entwickelte sie sich zu einer Vorbereitungsanstalt für den Besuch der Kunsthochschule und zu einem Ausbildungsinstitut für diejenigen, die das dort Erlernte als Grafiker, Modezeichner oder Fotograf beruflich nutzen wollten. Emmy Stalmann (25.8.1877 Goslar – 1951 Goslar), Tochter eines Fabrikanten, wollte in der Tat mit der Kunstschule ihren Lebensunterhalt bestreiten. Eigentlich ein unerhörtes Unternehmen. Denn wenn es auch für eine „höhere Tochter" statthaft war, etwas zu lernen: Das Erlernte aber beruflich, für die eigene Selbstständigkeit zu nutzen, das war gesellschaftlich nicht vorgesehen. Um sich durchzusetzen, habe sie damals, so beteuerte Emmy Stalmann denn auch 45 Jahre nach Gründung ihrer Schule, mehr hungern müssen als im Jahr 1945.[17] Wenn sie selbst künstlerisch auch nur wenig hervorgetreten ist, so hat sie doch vielen Künstlerinnen und Künstlern den Weg

geebnet. Zu den berühmtesten Schülern der Kunstschule des Westens zählen der Malerpoet Kurt Mühlenhaupt (1921–2006) und der Fotograf Willy Maywald (1907–1985). Ihn haben Porträtaufnahmen von Marc Chagall, Le Corbusier, Joan Miró, Maurice Utrillo und Pablo Picasso international bekannt gemacht und Fotos für die Modeschöpfer Christian Dior und Pierre Balmain, die in der *Vogue* und in *Harper's Bazaar* veröffentlicht wurden.[18]

Eine ganze Reihe weiterer Künstler hat die zentrale Lage, die Nähe zu Szenetreffs am Kurfürstendamm oder zum Arbeitsplatz an den Hochschulen dazu bewogen, in die Kantstraße zu ziehen. Viele sind zwar ein wenig in Vergessenheit geraten, aber auf dem heutigen Kunst- und Antiquitätenmarkt noch gut vertreten, speziell dann, wenn sie sich auch als Hochschulprofessoren ausgewiesen hatten.

Joseph Scheurenberg (7.9.1846 Düsseldorf – 4.5.1914 Berlin) gehört dazu, der von 1895 bis 1899 in der Nr. 164 wohnte. Der Akademieprofessor trat vor allem mit geschmackvollen Genrebildern hervor. Von großem Reiz sind auch die frei gestalteten Ansichten Berlins und seiner Umgebung, die Otto Günther-Naumburg (19.9.1856 Naumburg/Saale – 21.6.1941 Berlin) angefertigt hat. Er hat mehr als dreißig Jahre Aquarellmalerei an der Technischen Hochschule unterrichtet und wohnte von 1899 bis 1904 in der Kantstraße 141.

Als Marsden Hartley (eigentlich Edmund Hartley; 4.1.1877 Lewiston/Maine – 2.9.1943 Ellsworth/Maine), einer der profiliertesten Vertreter der klassischen Moderne in den Vereinigten Staaten, 1921 bis 1923 in der Kantstraße lebte, scheinen ihn vornehmlich „göttliche Trivialitäten" beschäftigt zu haben.[19] Sich mit Freunden, die wie er selbst großenteils zur Entourage Gertrude Steins oder Djuna Barnes' gehörten, zum Tee im Hotel *Adlon* zu treffen, gehörte dazu, wie auch Streifzüge durch Berlins homosexuelle Subkultur. Seine Wohnung allerdings war beschei-

Edmund Edel: Werbung für Eulen-Wichse (Nachdruck als Blechpostkarte)

den: zwei Zimmer zur Untermiete in der Nr. 150. Dort züchtete er auf der Fensterbank Kakteen und genoss die „Aussicht auf herrschaftliche Villen und deren prächtige Gärten"[20]. Das Anwesen etwa des Bankiers Max Steinthal ist gemeint, das sich von der Uhlandstraße bis zur Kantstraße erstreckte.

Noch heute ebenso anerkannt ist der Grafiker und Autor Edmund Edel (10.9.1863 Stolp – 4.5.1934 Berlin), der von 1900 bis 1905 in der Nr. 10 wohnte. Dort erlebte er, so der Kunstkritiker Max Osborn, die für ihn „von einem gütigen Schicksal ausersehene Häutung", die dazu führte, dass aus einem Maler mit „hübschem Geschick" ein begnadeter Reklamekünstler, Karikaturist und humorvoll-satirischer Gesellschaftskritiker wurde.[21] Denn weil seine Gemälde bei der Kritik nur mäßig ankamen, begann Edel Satiren für Zeitschriften wie *Ulk* und *Fliegende Blätter* zu liefern und gebrauchsgrafische Arbeiten, unter anderem für den Ullstein Verlag. Wirklich grandios waren seine Plakate, die für fast jeden Konsumartikel warben. Manche Produkte inspirierten Edel zu Werbeslogans, die ganz Berlin amüsierten. „Womit ick meine Stiebeln wichse? Mit Eulen-Wichse wichse ick se", mit Hilfe eines Freundes und der „nötigen Menge Alkohol" erdacht für die Charlottenburger Schuhcreme-Fabrik Urban & Lemm.[22] Nicht nur der witzige Spruch macht dieses Plakat einzigartig, sondern auch die verwendeten grafischen Mittel, ausdrucksstarke Konturen und wenige, leuchtende Farbflächen. Das hat Edel von Henri de Toulouse-Lautrec gelernt, „diesem kleinen, häßlichen, genialen Riesenkerl", dessen Bekanntschaft er in Paris hatte machen können.[23]

Um 1903 wandte sich Edel der Literatur zu und wurde mit mehr als dreißig Gesellschaftsromanen und mit Feuilleton-Beiträgen zum satirischen Chronisten Berlins. In *Berlin W.* (1906) skizziert er, wie man im Neuen Westen lebte. Fast scheint es, als könne er dabei

Raffael Schuster-Woldan: *Das Leben*, Öl auf Leinwand, 1905

auch die herrschaftlichen Häuser der Kantstraße im Blick gehabt haben. „Man hat acht bis zwölf Zimmer, man hat einen Fahrstuhl und ein amtliches Zeugnis, daß man denselben selbst bedienen darf, wofür man fünf Reichsmark bezahlt und das unsichere Gefühl hat, von Zeit zu Zeit stecken zu bleiben. Man hat warmes und kaltes Wasser zu seiner Verfügung, einen einge-bauten Vakuumreiniger-Motor im Hause, und die Dienerschaft braucht nicht wie früher die Lampen zu putzen, die Glühstrümpfe zu zerschlagen und die Öfen zu heizen. Man hat zur Erledigung der unbedingt not-wendigen Leibesfunktionen zwei bis drei stille, aber dekorativ ausgestattete Räume, man hat eine ,Diele‘, die je nach dem Geschmacke und den Sommerrei-sen des Inhabers im orientalischen, friesischen oder ,Markiewicz‘-Geschmack eingerichtet ist.“[24]

Während Edmund Edel im *Völkischen Beobach-ter* als „Salon-Semit“ diffamiert wurde, auf „dessen obszön-dekadente Zeichnerei und Schreiberei“ man gut verzichten könne,[25] und die Arbeiten Leo von

Königs aus dem Haus der Deutschen Kunst verbannt waren, hielten dort Maler wie Raffael Schuster-Woldan (7.1.1870 Striegau – 13.12.1951 Garmisch-Partenkirchen) Einzug, der mehr als dreißig Jahre in der Kantstraße 11 wohnte. Von einer sich räkelnden Nackten, vom Gemälde *Das Leben* war Adolf Hitler so angetan, dass er es für eine der höchsten Dotie-rungen, die im Haus der Deutschen Kunst erzielt wurden, erwerben und in den Führerbau in der Münchner Arcisstraße bringen ließ.[26]

Zu denen, die nach dem Zweiten Weltkrieg wieder Leben in das Ateliergebäude in der Kant-straße 149 brachten, gehörte der Maler und Grafiker Otto Eglau (20.4.1917 Berlin – 23.2.1988 Kampen), der dort von 1949 bis 1963 gearbeitet und gewohnt hat.[27]

Kriegsbedingt konnte er erst mit dreißig Jahren ein Studium an der Hochschule für bildende Künste bei Oskar Nerlinger, Max Kaus und Wolf Hoffmann aufnehmen. Seit 1953 unterrichtete er selbst zum

Otto Eglau vor dem Fenster seines Ateliers, um 1955

Broterwerb als Dozent für Freies Malen und Zeichnen an der Architekturfakultät der Technischen Universität.

In den nächsten zwanzig Jahren unterbrachen ausgedehnte Studienreisen, die ihn durch halb Europa, Nord- und Südamerika und nach Nepal führten, die Arbeit in seinem West-Berlin, in das er immer wieder hungrig auf quirlige Großstadt zurückgekehrt ist. Dennoch war für ihn seit 1950 auch der Rückzug nach Sylt unverzichtbar. Die Insel war damals noch von Reichen und Superreichen verschont und nahm auch junge Künstler, die knapp bei Kasse waren, als Gäste auf. Später war das „Atelierhaus Eglau", das sich der Maler in Kampen eingerichtet hat, fester Bestandteil der dortigen Kunstszene. Die Insellandschaft, Formen von Meer und Küste, Spuren im Sand oder Schlick vom Watt haben ihm dabei geholfen, eine unverwechselbare Handschrift zu entwickeln. Sie erhielt nach Aufenthalten in Japan und Hongkong eine noch präzisere Ausprägung. Mit mehr als einhundert Einzelausstellungen im In- und Ausland hat Otto Eglau dafür gesorgt, dass sein Werk nicht vergessen ist.

Auch die Malerin Rita Preuss (31.10.1924 Berlin – 11.6.2016 Berlin) hat lange Jahre die Fahne der Kunst in der Kantstraße hochgehalten. Sie lebte mehr als fünfzig Jahre in einer zweihundert Quadratmeter großen Wohnung in der Beletage der Nr. 146.[28] 1946 immatrikuliert, gehörte sie zu den ersten Studentinnen, die es trotz schwerer Zeiten wagten, das Studium an der wiedereröffneten Kunsthochschule aufzunehmen. Max Pechstein hat seiner Meisterschülerin mit manch klugem Rat den Weg gewiesen.[29] Weil es in der Nachkriegszeit in Berlin nur die Große Kunstausstellung, jedoch kaum Privatgalerien oder Käufer gab, hat sich Rita Preuss mit Werkverträgen über Wasser gehalten, die im Rahmen des „Künstlernoteinsatzes" vergeben wurden, mit Modezeichnungen, Restaurie-

Otto Eglau: *Watt auf Sylt*, Aquarell, 1955

Rita Preuss, März 2015

53

rungen und privaten Wandgestaltungen.[30] Zwischen 1954 und 1993 waren es darüber hinaus „Kunst-am-Bau"-Projekte, baubezogene Malereien, Reliefs und Mosaike, die ihr den Lebensunterhalt sicherten. Darunter die große *Weltphilosophie*, die das Kant-Gymnasium in Berlin-Spandau schmückt, und die Darstellung des *Himmlischen Jerusalem* im Eingangsbereich der Leo-Baeck-Synagoge in der Charlottenburger Herbartstraße.

Ihrem Leben in der Kantstraße hat sie mit einem 1993 bis 1997 entstandenen Zyklus von Gemälden ein besonderes Denkmal errichtet. Ähnlich wie Ferdinand Hodler seine sterbende Geliebte Valentine Godé-Darel malte, hielt Rita Preuss das Siechtum ihres Mannes, des Pelzhändlers Bruno Wellmann, fest. Fast schonungslos bezeugt sie, wie Alter und Krankheit die Persönlichkeit des geliebten Menschen aushöhlen. Und weil sie in den Monaten der Fürsorge für den kranken Mann die Wohnung kaum einmal verlassen hat, wurden die dort versammelten Reminiszenzen des gemeinsamen Lebens zum Motiv. Sie ehrte dieses Zusammenleben unter anderem mit dem großen Gemälde einer Kommode, die ihr Mann in die Ehe eingebracht hatte.

Spätestens seit 2000 konnte Rita Preuß die öffentliche Anerkennung als eine das Kunstleben Berlins prägende Malerin genießen. Sie wurde damals mit dem Hannah-Höch-Preis geehrt. „Ohne Malerei kann ich nicht leben, ein schöner Beruf", so das Fazit der Künstlerin. Aber: „Wenn ich Kinder hätte, und eins würde es wagen, Künstler werden zu wollen, würde ich es vorher ersäufen."[31]

Rita Preuss: *Kommode*, Öl auf Leinen, 1996

STUDIENATELIERS, BILDHAUER UND BILDGIESSER

Studien-Ateliers für Malerei u. Plastik

Charlottenburg-Berlin

Schillerstr. 105 u. Kantstr. 159.

Lehrkräfte: Louis Corinth, Robert Breyer, Lewin-Funcke, AlexanderKraumann, Konrad v. Kardorff, Robert Richter (Anatomie), Reinhold Strehmel (Perspektive), Croquis-Course. :: :: :: :: ::

Prospekte durch das Bureau Kantstr. 159.

Sprechzeit 4—7 Uhr.`   Lewin-Funcke.

Anzeige für Lewin-Funckes Studienatelier, 1910

Im Neuen Westen war es nicht allein die Secession, die gegen die Kunstauffassung opponierte, die an der Akademie und an der Hochschule für bildende Künste vertreten wurde, sondern auch Privatschulen wie die Studienateliers für Malerei und Plastik, die der Bildhauer Arthur Lewin-Funcke (9.11.1866 Niedersedlitz bei Dresden − 16.10.1937 Berlin) 1901 in der Kantstraße 159 eröffnet hatte. Seinem Vorbild, der Pariser Académie Julian, entsprechend, strebte Lewin-Funcke nach einer freieren Unterrichtsmethode und legte den Schwerpunkt auf das sonst schwer zugängliche Aktstudium. Aber anders als in der französischen Einrichtung konnten seine Schüler und Schülerinnen sogar gemeinsam vor dem Aktmodell arbeiten. Das bescherte den Studienateliers prompt einen Besuch der Polizei, die einen Verstoß gegen Sitte und Anstand witterte. Erst ein Gutachten des Senats der Künste vermochte die Bedenken der Ordnungshüter zu zerstreuen. Deren aufsehenerregender Auftritt selbst trug aber nicht wenig dazu bei, die Schule bekanntzumachen.[1]

Während Lewin-Funcke die Leitung des Instituts innehatte und in der Modellierklasse plastische Gestaltung in Ton lehrte, unterrichtete Lovis Corinth

Malerei. Ihm folgten in raschem Wechsel Hans Baluschek, Willy Jaeckel, Ludwig Meidner und Eugen Spiro, fast alle – im Gegensatz zum Schulgründer selbst – Mitglieder der Secession. Die Bildhauerklasse übernahm Max Kruse. Sie wurde jedoch bereits 1905 wieder geschlossen, da der Künstler dafür nicht mehr zur Verfügung stand.

Der Andrang der Schüler – darunter Otto Freundlich, Ivo Hauptmann, Käthe und Peter Kollwitz, Hedwig Bollhagen, August Macke, Felix Nussbaum und Augusta von Zitzewitz – war so groß, dass Dependancen eingerichtet werden mussten. Allein 1903 wurden über 600 „Teilnehmerkarten" vergeben.[2]

Die Studienateliers bestanden bis 1934, seit 1915 unter der Leitung von August Kraus, weil sich Lewin-Funcke verstärkt auf die eigene Arbeit konzentrierte. Es entstanden schlichte, phrasenlose Skulpturen, in denen klassische Form und Jugendstil zusammenkamen.[3] Größere Erfolge erzielte er mit seiner *Tänzerin* (1903), von der auch Kaiser Wilhelm II. ein Exemplar ankaufte, und mit der Marmorgruppe *Mutter und Kind* (1908), von der eine Replik sogar ins Metropolitan Museum in New York gelangte. In den folgenden Jahren war es in erster Linie die Motivwahl, mit der sich der Bildhauer im Kunstbetrieb zu behaupten suchte. So betrat Lewin-Funcke seit 1910 mit dem Versuch, bei der Darstellung von Kindern deren spezifische Gestik und Mimik zu erfassen, neue Wege in der Bildhauerei. Damit erregte er auch die Aufmerksamkeit der Firma Kämmer & Reinhardt aus Thüringen, die Charakterpuppen nach seiner Büste *Lachendes Baby. Junge, 6 Monate alt* (1908) fertigte. In den 1930er-Jahren geriet der Künstler zunehmend in Vergessenheit.

Dass sich um 1900 viele junge Talente zu Bildhauern ausbilden ließen, war nicht unwesentlich der damals guten Auftragslage geschuldet. Der Denkmalkult der wilhelminischen Ära und die Vorliebe für plastischen Dekor, von der fast jedes Wohn- und Geschäftshaus, jeder öffentliche Bau der damaligen

Zeit Zeugnis ablegen, boten ihnen ein reiches Betätigungsfeld. Sie haben sich gerne in Charlottenburg niedergelassen, weil dort in Hinterhöfen bezahlbare Ateliers zu finden waren. Diese waren anders als die gewerblich genutzten Räume mit großen Fenstern und häufig auch mit einem Oberlicht ausgestattet.

Das denkmalgeschützte Ateliergebäude in der Kantstraße 149 gehört dazu, das sich im Hof eines 1891/92 nach Plänen des Architekten Alfred Schrobsdorff errichteten Wohn- und Geschäftshauses befindet. Dort haben von 1894 bis 1897 Hermann Kokolsky, von 1895 bis 1932 Heinrich Günther-Gera und 1895 Otto Stichling gearbeitet. Später war es Gustav Seitz, der sich dort zum Arbeiten einrichtete. Seit 1997 ist das Gebäude Sitz der auf Fotokunst spezialisierten Galerie *Camera Work*.

Hermann Kokolsky (12.4.1853 Berlin – vor 1927) hat sich mit Staatsaufträgen wie einer Statue Friedrich Wilhelms IV. für die Turmfront des Moabiter Kriminalgerichts (1882) einen Namen gemacht.[4] Den Bildhauer Heinrich Günther-Gera (15.9.1864 Gera

Galerie *Camera Work* im zweiten Hof der Kantstraße 149

– 1941), einen Schüler von Fritz Schaper, beauftragte die Stadt Charlottenburg mit allegorischen Figuren für den Stadtverordneten-Sitzungssaal des Rathauses.[5] Auch Otto Stichling (10.4.1866 Ohrdruf – 28.4.1912 Berlin) wurde für die Ausschmückung des neues Rathauses herangezogen. Er schuf neben anderem Dekor die vier in Kupfer getriebenen Turmfiguren, mittelalterliche Recken, die die Wachsamkeit der Stadtverwaltung symbolisieren.[6]

Eine weitere Reihe von Bildhauern arbeitete um die Jahrhundertwende in den Ateliers des 1890 nahe beim *Theater des Westens* errichteten opulenten Wohn- und Geschäftshauses in der Kantstraße 6. Darunter in den Jahren 1898 bis 1900 Johannes Götz und von 1903 bis 1905 Emil Hundrieser.

Johannes Götz (4.10.1865 Fürth – 9.11.1934 Potsdam), den Reinhold Begas protegierte, war nicht nur an Berliner Großprojekten wie dem Kaiser-Wilhelm-Denkmal an der Schloßfreiheit und dem Neptun-Brunnen beteiligt, er schuf auch das für die Siegesallee vorgesehene Denkmal des Kurfürsten Joachim I. Nestor (1900) und Standbilder römischer Herrscher auf der Saalburg bei Bad Homburg (1904), von denen der Auftraggeber, Kaiser Wilhelm II., höchst angetan war.

Als Emil Hundrieser (13.3.1846 Königsberg – 30.1.1911 Berlin), einer der erfolgreichsten Denkmalplastiker der wilhelminischen Zeit, in der Kantstraße arbeitete, war er bereits zum Professor an der Akademie ernannt worden und hatte unter anderem für die Hochschule für bildende Künste den Wandbrunnen mit den Figuren *Prometheus und seine Geschöpfe* geschaffen, sein Ruhm jedoch begann bereits zu verblassen. Seine wohl populärste Arbeit ist das seit 1944 verschollene Kolossalstandbild *Berolina*, einst das Wahrzeichen des Alexanderplatzes. Das aus Kupfer getriebene, über sieben Meter große Denkmal wurde 1895 auf einem hohen Sockel aufgestellt. Es überstand die Revolution, musste 1927 aber dem Bau der

Emil Hundriesers *Berolina* auf dem Alexanderplatz, um 1900

U-Bahn weichen und sollte eingeschmolzen werden. Die Berliner Bevölkerung reagierte mit heftigem Protest, Kurt Tucholsky mit einem Gedicht: „Bei mir – bei mir – da sind sie durchgezogen: die Lektrischen, der Omnibus, der Willy mits Paket. Und eh – se hier schnell um die Ecke bogen, da ham se'n kleenen Blick riskiert, ob SIE noch oben steht. Nu stelln die Hottentotten mir in ein Lagerhaus; ick seh mank die Klamotten noch wie Brünhilde aus. Ick stehe da und streck die Hand aus – der Alexanderplatz, der is perdü! Ick seh noch imma 'n Happen elejant aus, ick hab nur vorne hab ick zu viel Schüh …! Ick laß se alle untern Arm durchziehn – : ick bin det Wappen von die Stadt Berlin – !"[7]

Wie Hundrieser war auch Emil Cauer d. J. (6.8.1867 Bad Kreuznach – 13.2.1946 Gersfeld), der

Emil Cauers *Siegfried-Brunnen* von 1911 am Rüdesheimer Platz in Wilmersdorf, 2015

Fritz Klimsch (10.2.1870 Frankfurt am Main – 30.3.1960 Freiburg i. Br.), einer der bekanntesten deutschen Bildhauer des 20. Jahrhunderts, lebte kurze Zeit, von 1901 bis 1903, mit seiner Familie in der Kantstraße 29, in der Nähe seines Ateliers, das er sich im Hof der nahe gelegenen Schillerstraße eingerichtet hatte. Die Familie bezog aber bald eine größere Wohnung in der Bleibtreustraße. Klimsch gehörte wie der Tierbildhauer August Gaul, mit dem ihn eine langjährige Freundschaft verband, zu den Gründungsmitgliedern der Berliner Secession, war dort bis 1910 im Vorstand tätig, schloss sich aber 1913 der Freien Secession an.

Schon früh führte Klimsch, um für seine Arbeit wichtige Kontakte zu knüpfen, ein reges Gesellschaftsleben. Er vergnügte sich auf den fidelen Festen, die im Künstlerhaus zum St. Lukas bei Bernhard Sehring gefeiert wurden,[9] und traf sich mit dem Dichter Ludwig Thoma, seinen Kollegen Begas, Eberlein, Gaul und Tuaillon sowie mit dem Kunsthändler Paul Cassirer im Wilmersdorfer *Viktoriagarten* zum Kegeln.[10] Auch war Klimsch häufig Gast im Hause Anton von Werners. Dies trug ihm die Bekanntschaft mit Paul Wallot ein, der ihn mit einer Figur für das Treppenhaus des von ihm entworfenen Reichstages beauftragte. Beim Hochschuldirektor lernte er auch Generalpostmeister Heinrich von Stephan kennen, der seinem „Klimschchen" zu weiteren wichtigen Aufträgen verhalf, zwei großen Gruppen für den Neubau des Reichspostamtes.[11]

Auch Klimsch fertigte gelegentlich monumentale Denkmäler an. So das Virchow-Denkmal am Karlplatz vor der Charité, mit dem der Bildhauer eine Menge Wirbel in der Stadt auslöste. Denn während er für das Bildnis des berühmten Mediziners, der, so der Künstler, „von Gestalt klein und unansehnlich gewesen sei"[12], nur ein Relief vorsah, das seiner geringen Größe wegen auf dem fast sechs Meter hohen Sockel wenig zum Tragen kommt, bekrönte er den

von 1903 bis 1907 in der Kantstraße 93a lebte, auf monumentale Arbeiten spezialisiert. Auf Herrschaftsbilder wie *Kaiser Friedrich III.* folgten, als der Boom in diesem Bereich nachzulassen begann, Krieger- und Ehrendenkmale mit Titeln wie *Gefallener Feldeisenbahner* (1918), deren Pathos die Kunstforderungen des „Dritten Reiches" vorwegnahm.[8] In Berlin ist die bekannteste Arbeit Cauers die neobarocke Kolossalanlage des *Siegfried-Brunnens* am Rüdesheimer Platz in Wilmersdorf (1911).

Fritz Klimsch: Rudolf-Virchow-Denkmal von 1906/10 am Karlplatz

Gruppe versinnbildlicht hervorhob, den Mediziner selbst aber fast nur als Zutat zeigte, verursachte einen solchen Tumult in der Berliner Ärzteschaft und erregte Stadtverordnete und die Bildhauerkollegen dermaßen, dass die Ausführung des Denkmals erst nach mehrjährigem Streit realisiert werden konnte. Immerhin machte diese Auseinandersetzung den Namen Klimsch nicht nur in Deutschland, sondern auch im europäischen Ausland bekannt. Es war schließlich ein geschickter Schachzug, mit dem der Künstler seine Kritiker besänftigte. Als Klimsch Vertretern der Ärzteschaft bei einem Besuch im Atelier vorschlug, den Denkmalsockel mit einem weiteren Relief auszustatten, das Virchow im Kreise seiner Schüler, an einer Leiche dozierend, zeigen sollte, gab es keine Widerstände mehr. „Jeder", so Klimsch nicht ohne leise Häme, „hoffte, mitverewigt zu werden."[13]

Bis in die 1930er-Jahre hinein war Fritz Klimsch, der seit 1912 Mitglied der Preußischen Akademie der Künste, ab 1916 deren Senator war und seit 1921 an den Vereinigten Staatsschulen für freie und angewandte Kunst unterrichtete, mit weiblichen Akten, aber auch mit Porträtbüsten – darunter die von Max Liebermann, Wilhelm von Bode, Gerhart Hauptmann, Lovis Corinth, Erich Ludendorff, Paul von Hindenburg, Adolf Hitler und Marianne Hoppe – überaus erfolgreich. Besonders seine an antiker Kunst ausgerichteten, idealisierten Bildnisse makelloser Körper, die im Falle männlicher Figuren kraftvolle Entschlossenheit, bei weiblichen Bildnissen nachgiebige Schönheit präsentieren, passten zu den Bildvorstellungen der nationalsozialistischen Kulturpolitik. Da Klimsch sich jedoch zeitlebens von einem theatralischen Pathos wie auch von einer übertriebenen klassizistischen Strenge distanzierte, blieb er für propagandistische Bildprogramme der Nationalsozialisten letztlich uninteressant. Er wurde lediglich im dekorativen Bereich herangezogen.[14] Immerhin wurde er 1938 in den Reichskultursenat berufen,

mächtigen Unterbau mit einer großen mythologisch-allegorischen Figurengruppe eines Titanen, der eine Sphinx erwürgt. Dass er die Leistung des zu Ehrenden, dessen Kampf gegen Krankheiten, durch diese

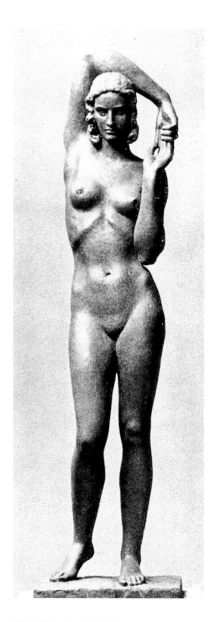

Fritz Klimsch: *Maja*, Bronze

im Zweiten Weltkrieg als „unersetzlicher Künstler" eingestuft und konnte einige seiner Werke an Goebbels verkaufen.[15] Er, der selbstverständlich auf jeder Großen Deutschen Kunstausstellung in München vertreten war und mit zahlreichen Sonderausstellungen geehrt wurde, hat eine Verbindung zwischen Ästhetik und Politik der NS-Machthaber und seinen eigenen Kunstanschauungen nie sehen wollen, verstanden oder reflektiert.[16] Dies hat dazu beigetragen, dass nach dem Krieg jahrzehntelang keine größere Schau seiner Arbeiten geboten wurde.

Es waren stürmische Zeiten, die Gustav Seitz (11.9.1906 Mannheim-Neckarau – 26.10.1969 Hamburg) zu überstehen hatte, als er in den Jahren 1945 bis 1957 ein Atelier in der Kantstraße 149 unterhielt, jener „Künstlerresidenz", von der oben schon die Rede war. Für ihn war jene Zeit geprägt vom künstlerischen Aufbruch nach Krieg und lähmender nationalsozialistischer Herrschaft und vom Ringen um die berufliche Laufbahn mitten im Kalten Krieg.

Dabei waren schon die Zwischenkriegsjahre nicht einfach gewesen. Möglichkeiten auszustellen oder Käufer für seine Kleinplastiken, Porträtbüsten, Reliefs und Plakettenentwürfe zu finden, reduzierten sich, seitdem die Nationalsozialisten an der Macht waren und der avantgardistische Kunstbetrieb zum Erliegen kam. Seitz hatte seit 1926 die Förderung und finanzielle Unterstützung des Galeristen Alfred Flechtheim genossen, der jedoch bereits im September 1933 Berlin verließ. Immerhin gingen danach Aufträge für baugebundene Arbeiten ein. Darunter das 1936 entstandene Terrakotta-Relief *Zwei Jünglinge* für das Friesenhaus auf dem Olympia-Gelände, das sich zwar in den insgesamt dort vorherrschenden Antikenbezug einfügt, jedoch ohne einem überdimensionierten Heroismus zu verfallen.[17] Dem jungen Bildhauer werden solche Aufträge nur bedingt zugesagt haben. Der Wandervogelbewegung verbunden, skeptisch gegenüber dem Nationalsozialismus und seit 1937 mit einer

Gustav Seitz und Besucherinnen im Atelier in der Kantstraße 149

linken Regimekritikerin, der mit Heinrich Tessenow arbeitenden Architektin Luise Zauleck, verheiratet, konstatierte er 1937: „Aufträge sind heute für mich ein Brechmittel, weil ich mit dem, was verlangt wird, doch nicht zurechtkomme. (Leider muß man leben.) Aufträge sind vom neuen Staat eine gefährliche Sache. Sie sind hemmend für den Ausdruck in der Kunst, den man selbst sucht, und führt man den Entwurf so aus, wie man selbst fühlt, wird man abgelehnt, weil er außerhalb der Grenzen liegt, die die 100 % verstehen müssen.“[18]

Als Künstler angesehen, politisch unbelastet, wurde Seitz 1946 als Professor am Lehrstuhl für plastische Gestaltung an die Technische Universität Berlin berufen. Heinrich Tessenow hatte dies veranlasst, mit dem er bereits vor dem Krieg zusammengearbeitet hatte. Es folgte 1947 ein zusätzlicher Ruf an die Hochschule der bildenden Künste. In Dutzenden Ausstellungen vertreten, bestätigte sich sein Rang als Bildhauer, nachdem Ludwig Justi seine 1947 entstandene, lebensgroße Bronze *Eva* für die Nationalgalerie Berlin gekauft und an prominenter

Gustav Seitz im Atelier

Stelle in die Dauerausstellung aufgenommen hatte. Doch schnell geriet Seitz in den Strudel des Kalten Krieges, wurde es schwer für ihn, der eigenen Überzeugung entsprechend zu leben. Einen Sturm der Entrüstung löste seine Unterschrift unter die Solidaritätsadresse für den kommunistischen Weltfriedenskongress aus, der im April 1949 in Paris stattfand und von Picasso und Louis Aragon mit dem Ziel organisiert worden war, alle fortschrittlichen Intellektuellen zu versammeln, um einer nochmaligen blutigen Barbarei entgegenzuwirken.[19] Dass Seitz im selben Jahr den Nationalpreis der DDR entgegennahm, mit dem besonders sein Mahnmal für die Opfer des Faschismus in Weißwasser (Oberlausitz), sein erster Auftrag nach Kriegsende, gewürdigt wurde, sorgte in Berlin erneut für Empörung.[20] Dass Seitz 1950 überdies – wie Heinrich Tessenow – Mitglied der neugegründeten Ostberliner Akademie der Künste wurde, brachte das Fass zum Überlaufen. „Gustav Seitz mag“, polterte *Der Abend*, „weiter Ausstellungen in Westdeutschland veranstalten, wenn er Westmark braucht. Aber seinen Lehrstuhl an der Akademie für bildende Künste am Steinplatz setze man ihm vor die Tür […]. Wir sind es satt, die Namen Westberliner Hochschullehrer als Nationalpreisträger, Akademiemitglieder und unter hochverräterischen Aufrufen zu lesen. […] Man hat bedeutendere Künstler als die 22 Sold-Empfänger Piecks wegen ihrer Aktivität für die Nazi-Partei verdammt. Mit Recht. Heute hat der Berliner Magistrat kein Mandat zu größerer Toleranz gegenüber den noch gefährlicheren sowjetdeutschen Quislingen unter seinen Hochschullehrern.“[21] Wenig später wurde Seitz des Dienstes an den Hochschulen enthoben. An der Kunsthochschule erteilte man ihm überdies ein Hausverbot.

Seitz, der mittlerweile in Niederschönhausen wohnte, das Atelier in der Kantstraße aber behalten hatte, pendelte zwischen beiden Teilen der Stadt und

Gustav Seitz: Käthe-Kollwitz-Denkmal von 1960 auf dem Kollwitzplatz in Prenzlauer Berg, Bronze

übernahm 1950 die Leitung eines Meisterateliers an der Ostberliner Akademie der Künste. Im Laufe der Jahre machte ihm aber auch die östliche Kunstpolitik zu schaffen, die alles abzuwürgen suchte, was nicht dem sozialistischen Realismus entsprach und jedes Bemühen um Form als Formalismus abtat. Auf eine ähnliche Ablehnung traf auch sein populärstes Werk in Berlin, das große Käthe-Kollwitz-Denkmal, das erst 1960, zwei Jahre, nachdem Seitz die DDR verlassen hatte, auf dem gleichnamigen Platz in Prenzlauer Berg enthüllt wurde. Seitz war tief verletzt, weil Spitzenfunktionäre das Denkmal als das des „Herrn Seitz, nicht der Massen“[22] bekämpften. Danach wurde der

Wunsch, in den Westen überzusiedeln, immer drängender. Dies gelang nach verschiedenen Anläufen schließlich 1958, mit der Übernahme einer Professur an der Hamburger Kunsthochschule. Seitz war als Lehrer bald anerkannt und erlangte mit weiblichen und männlichen Akten, aber auch mit großartigen Büsten von Heinrich und Thomas Mann, Bertolt Brecht, Pablo Picasso und Oskar Kokoschka sowie mit seinem *Geschlagenen Catcher* (1966) international Anerkennung.

Wenn von mit Kunst beschäftigten Bewohnern der Kantstraße die Rede ist, darf der Bronzegießer Hans Füssel (22.1.1897 Berlin – 30.8.1989 Berlin) nicht unerwähnt bleiben. Er wurde im Hinterhaus der Nr. 55 als Sohn eines Porzellan- und Kunstmalers geboren[23] und wohnte in den Jahren 1926 bis 1930 nur ein paar Häuser weiter, in der Nr. 49. Die Berliner verdanken Hans Füssel unter anderem die Wiederaufstellung der von Rudolf Siemering geschaffenen Figur der *Heiligen Gertrud* von der Gertraudenbrücke im Bezirk Mitte.[24] Als diese für die kriegswichtige Herstellung von Granaten eingeschmolzen werden sollte, bauten Denkmalfreunde das Standbild heimlich ab und ließen es samt Beiwerk in einem Bunker in der Jüdenstraße einmauern. Auf Füssels Initiative hin wurde die drei Tonnen schwere Gertrud 1951 mühsam, weil nichts Besseres zur Verfügung stand, mit Gleitrollen und Seilen aus den Trümmern geborgen und mit ebenso abenteuerlich zusammengeschustertem Gerät im Hof des Märkischen Museums aufgestellt. Dort hat er sie auch repariert, weil der Magistrat die Überführung der Plastik in Füssels nunmehr in Kaulsdorf-Süd befindliche Gießerei aus Kostengründen ablehnte. Bereits 1954 kehrte die Heilige wieder an ihren alten Standort zurück.

Hans Füssel (rechts) bei der Restaurierung der Bronzeplastik der *Heiligen Gertrud* im Hof des Märkischen Museums

MUSIKER, KOMPONISTEN UND MUSIKINSTITUTIONEN

„Nirgends sieht man so viel studierende Mal-, Sing- und Musikweibchen herumlaufen als in der Kantstraße", konstatierte der Schriftsteller Max Kretzer in seinen 1919 erschienenen Erinnerungen.[1] Es waren die 1902 eröffnete Hochschule für Musik und das angeschlossene Königliche Institut für Kirchenmusik, die junge Adepten der Musik veranlasst haben könnten, durch die Kantstraße zu schlendern, vor allem aber Institute wie die Zweigstelle des Stern'schen Konservatoriums, die dort dreißig Jahre angesiedelt war. Zusammen mit dem *Theater des Westens* und dem *Deutschen Opernhaus* hatte Charlottenburg damit Kultureinrichtungen vorzuweisen, die dazu beitrugen, dass die Reichshauptstadt nicht nur auf dem Gebiet der bildenden Kunst, sondern auch als Musikstadt an die erste Stelle in Deutschland rückte.

Die im Oktober 1906 in der Nr. 8/9 eröffnete Dependance des Stern'schen Konservatoriums – der Hauptsitz befand sich damals in der Bernburger Straße – war eine private Einrichtung, die bis in die Weimarer Republik hinein der hochsubventionierten Hochschule für Musik Konkurrenz machen konnte.[2] 1850 vom Chorleiter und Dirigenten Julius Stern (1820–1883) mitbegründet, hatte sich das Konservatorium, als die Zweigniederlassung eröffnet wurde, längst zu einer Einrichtung entwickelt, die internationales Renommee genoss. Direktor und Besitzer dieses Instituts war seit 1895 der Geiger und Komponist Gustav Hollaender (15.2.1855 Leobschütz – 4.12.1915 Berlin), der einer Musiker-Dynastie entstammte, die über mehrere Generationen das Musikleben Berlins prägte. Unter seiner Leitung umfasste das Lehrangebot Instrumentalklassen, Kurse in Theorie, Musikgeschichte und Orchesterarbeit, es gab eine Operettenschule und sogar Schauspielklassen. Anders als an der Hochschule war der Unterricht, an dem von vornherein auch Frauen teilnehmen konnten, nicht primär auf die Ausbildung von Virtuosen ausgerichtet. Es wurden vor allem Musiklehrer ausgebildet. Ein für Schüler und Schülerinnen, die mit Musik ihren Lebensunterhalt bestreiten wollten, besonders attraktives Angebot, das sie die relativ hohen Studiengebühren in Kauf nehmen ließ. Weil die Mehrheit der Schüler aus dem Ausland kam, wurden die Theoriekurse sowohl in deutscher als auch in englischer und russischer Sprache angeboten.

In der Ära Hollaender hatte das Konservatorium eine Reihe namhafter Lehrer vorzuweisen. Darunter die Komponisten Hans Pfitzner und Arnold Schönberg, von dem noch die Rede sein wird, und Max Reinhardt, der von 1900 an die Schauspielschule des Konservatoriums leitete, bis er eine eigene eröffnete.[3] Die Leistungsfähigkeit seines Instituts stellte Hollaender durch die Vergabe vieler Stipendien und bei Konzerten unter Beweis. Über ein besonders ehrgeiziges Projekt, nämlich die Schüleraufführung vom *Fliegenden Holländer*, die 1909 im *Theater des Westens* stattfand, berichtete Hollaenders Neffe, der spätere Revue- und Filmmusikkomponist Friedrich Hollaender, der mit seinem Mitschüler Claudio Arrau amüsiert eine Probe verfolgt hatte: „Zunächst ist das Schauspiel im Orchester noch fesselnder als das auf der Bühne. Onkel Gustav befindet sich mit Senta da oben in einem regen, rügenden, oft verzweifelten Duell. Die Ärmste, von blindem Lam-

Gustav Hollaender, um 1900

Stern'sches Konservatorium
zugleich **Theaterschule für Oper und Schauspiel**
Direktor: **Professor Gustav Hollaender.**
Berlin SW.   Gegründet 1850.   Bernburgerstr. 22 a
Zweiganstalt: **Charlottenburg, Kantstrasse 8/9.**
Ausbildung in allen Fächern der Musik.
Aufnahme jederzeit.
Prospecte und Jahresberichte kostenfrei durch das Sekretariat.
Sprechzeit 11—1 Uhr.

Anzeige des Stern'schen Konservatoriums, 1908

penfieber geschüttelt, singt abwechselnd zu hoch und zu niedrig. Nur eine Winzigkeit. Gerade die Winzigkeit, die einem die Socken auszieht. Eine Terz wäre gar nicht so schlimm. Onkel Gustav, der alles laut mitsingt, signalisiert ihr, wann's zu hoch und wann's zu tief ist. Einmal mit erhobenem und einmal mit nach unten stechendem Zeigefinger. Senta sieht nichts, Senta hört nichts. Stellenweise ist nur Onkel Gustav zu hören. Aber was geschieht jetzt da wieder auf der Bühne? Der Mann, von dem sie geträumt, der ruhlose Seefahrer [...], steht plötzlich wie eine Erscheinung aus einer anderen Welt vor ihr. Versteinert blicken sie einander in die Augen. Und wieder öffnet sich der Abgrund, der minutenlange (jahrelange?) Augenblick, den der Solar Plexus schon fürchtet, [...] die Luft bleibt ihr weg, auch ihr."[4]

Nach dem Tode Hollaenders wurde der Liedkomponist und Dirigent Alexander von Fielitz (28.12.1860 Leipzig – 29.7.1930 Bad Salzungen) neuer Leiter und Besitzer des Konservatoriums. Um in der wirtschaftlich angespannten Lage dem Schwund an Schülern entgegenzuwirken, führte er 1927 eine aufsehenerregende Neuerung ein: eine Saxofonklasse, die Gustav Bumcke mit großem Erfolg leitete.[5] Die Hochschule leistete sich so etwas erst vier Jahre später.

Anfang 1936 wurden die jüdischen Besitzer des Stern'schen Konservatoriums gezwungen, die Schule zu einem viel zu niedrigen Preis zu verkaufen.[6] Die verdrängten Inhaber, nun Kurt Hollaender und seine Schwester Susanne Landsberg-Hollaender, beides Kinder von Gustav Hollaender, hielten anschließend in der Charlottenburger Sybelstraße mit der Privaten Jüdischen Musikschule Hollaender, die nur jüdischen Schülern offen stand, einen Schulbetrieb aufrecht. Beide wurden in Konzentrationslager deportiert und ermordet. Das Konservatorium ging in die öffentliche Hand über und wurde 1966/67 in die Hochschule für Musik und Darstellende Kunst (heute Teil der Universität der Künste) integriert.

Bei zwei der bedeutendsten Musiker aus der ersten Hälfte des 20. Jahrhunderts, Ferruccio Busoni und Arnold Schönberg, setzte die Entwicklung zu überzeugten Wahlberlinern in der Kantstraße ein.

Der Pianist Ferruccio Busoni (1.4.1866 Empoli bei Florenz – 27.7.1924 Berlin) wählte für seine erste Berliner Wohnung das repräsentative Mietshaus in der Nr. 153.[7] Er verbrachte dort allerdings nur ein knappes Jahr, 1895 zog er mit Frau und Sohn in eine noch größere Wohnung in der Tauentzienstraße. Als Busoni sich, vom frischen geistigen Klima der Hauptstadt angezogen, in Berlin niederließ, hatte er längst eine beachtliche Laufbahn mit triumphalen Tourneen, die ihn durch Europa und die Vereinigten Staaten führten, hinter sich, ebenso Anstellungen an den Konservatorien von Helsinki, Moskau und Boston. In Berlin prägte Busoni spätestens seit 1902 das Musikleben der Hauptstadt, vor allem durch Konzerte mit den Berliner Philharmonikern, bei denen neue oder selten gespielte Werke von Elgar, Saint-Saëns, Debussy und Sibelius zur Aufführung gelangten.[8] Es waren auch die Philharmoniker, mit denen Busoni 1922 sein letztes Klavierkonzert gab. Zwar galt er als ein fulminanter Virtuose, als der größte Techniker seit Liszt und Rubinstein. Dass jedoch selbst die Damenwelt vom Spiel des „Lohengrin mit der weißen Krawatte"[9] zwar fasziniert war, sich jedoch im Herzen nicht berührt fand, hat ihn zutiefst verletzt. Busoni konzentrierte sich stattdessen auf den Unterricht, seit 1920 in der Meisterklasse für Komposition an der Preußischen Akademie der Künste.

Ferruccio Busoni, um 1915

Ebenso zwiespältig wie die Reaktion auf den Virtuosen Busoni fiel das Urteil über seine Kompositionen – darunter die Opern *Turandot* (1917) und *Dr. Faust* (1925, ergänzt von Philipp Jarnach) – aus. Schien den Konservativen seine Musik zu modern, so den Modernen als zu konservativ. Der Musikschriftsteller Hans Heinz Stuckenschmidt machte den Mangel an „europäischem Denken und Fühlen" für solche Missachtung verantwortlich: „Wenn Busonis Musik weiterhin unverstanden bleibt, [...], so liegt die Ursache zweifellos in ihrer übernationalen Haltung. Sie ist den Italienern zu deutsch, den Deutschen zu italienisch."[10]

Zeitgenossen haben Busoni als Grandseigneur erlebt, aber ihm schienen auch kapriziöse Züge eigen, wie der Bildhauer Fritz Klimsch, von dem schon berichtet wurde, bezeugen konnte. Er war dem Musiker, den er sehr bewunderte, in einer Kneipe begegnet. Der in sich versunkene Busoni, so Klimsch, habe plötzlich eine Apfelsine aus einer Obstschale genommen und sie der „Buffetdame" an den Kopf geworfen – „wahrscheinlich hat sie ihn irgendwie irritiert; im nächsten Moment lacht er sie strahlend an und wirft ihr eine Kusshand zu."[11]

Nach dem Tode Busonis übernahm Arnold Schönberg (13.9.1874 Wien – 13.7.1951 Los Angeles) die Meisterklasse für Komposition an der Akademie. Er musste sich 1927 für kurze Zeit mit drei möblierten Zimmern in der Kantstraße 4 begnügen, bevor er eine eigene Wohnung in Westend beziehen konnte.[12] Nach Gelegenheitsjobs wie Anstellungen als Theorielehrer am Stern'schen Konservatorium war die Professur der Höhepunkt in Schönbergs Laufbahn als Lehrer. Der Unterricht des nach eigenem Bekunden „bedeutendsten Lehrers weltweit"[13] fand in Schönbergs Wohnung statt und war durch einen ziemlich autoritären Unterrichtsstil gekennzeichnet, bei Schülern wie Anton von Webern und Alban Berg aber sehr beliebt, weil Schönberg ihre unterschiedlichen Voraussetzungen zu berücksichtigen wusste.

In Berlin sind einige der wichtigsten Werke Schönbergs entstanden. Nicht nur seine *Harmonielehre* (1911), eine seiner vielen musiktheoretischen Schriften, sondern auch *Pierrot Lunaire* (1912), ein Schlüsselwerk des musikalischen Expressionismus, das trotz Zischens, Jaulens und beleidigender Zwischenrufe des Publikums bei der Uraufführung immerhin vollständig über die Runden gebracht werden konnte. Da hatte er in Wien schon anderes erlebt. Aber die Uraufführung seiner *Orchestervariationen op. 31*, das erste zwölftonige Orchesterwerk Schönbergs, das der mittlerweile längst international beachtete Komponist 1928 mit den Philharmonikern unter Wilhelm Furtwängler zur Aufführung brachte, sollte zu einem der

Arnold Schönberg, 1930

größten Skandale des Berliner Musiklebens werden.[14] Dass Schönberg – eigentlich folgerichtig in einer von Umsturz und Neuorientierung geprägten Zeit – nach einem unverbrauchten, einem persönlichen Ausdruck in der Musik suchte, damit mochte sich das konservative Publikum der Philharmonischen Konzerte nicht auseinandersetzen. Das Unverständnis, mit dem Publikum und Kritiker seinem Werk begegneten, ärgerte Schönberg, hat ihm aber nicht wirklich zu schaffen gemacht. Als der 41-jährige Musiker einmal gefragt wurde, ob er der viel angefeindete Komponist sei, antwortete er: „Ja, aber das kam so: Einer hat es sein müssen, keiner hat's sein wollen. Da hab ich mich halt dazu hergegeben."[15]

Schönberg emigrierte 1933 mit seiner Familie in die Vereinigten Staaten. Auch im Exil war Schönberg wieder an Hochschulen tätig, unter anderem an der University of California in Los Angeles.

Beim Cellisten Paul Grümmer (26.2.1879 Gera – 30.10.1965 Zug/Schweiz) war es die Nähe zu seinem Arbeitsplatz, die ihn veranlasste, sich von 1935 bis 1943 in der Kantstraße 153, in dem Haus, in dem auch Ferruccio Busoni für kurze Zeit gewohnt hatte, niederzulassen. Er war 1932 an die Berliner Musikhochschule berufen worden. Grümmer, der Busoni verschiedentlich begegnet war und auch mit Arnold Schönberg zusammenarbeitete, sollte hautnah erfahren, was den Meister der Zwölftonmusik bewegte. Er selbst habe, so Grümmer, bei einer gemeinsamen Probe einer Komposition Alban Bergs aus „Wut über die zugemuteten Effekte“ oder aus Versehen mit den Bogenhaaren unterhalb des Steges über die Saiten gestrichen. „Der Effekt war überraschend – Schönberg geriet förmlich in Ekstase und bat mich immer wieder, das Geräusch zu wiederholen. So endete die ohnedies schon geräuschreiche Probe mit einem neuen Geräusch, das noch bis zum Aufbruch und sogar noch im Treppenhaus eifrig diskutiert wurde.“[16]

Grümmer erlangte Berühmtheit mit dem zusammen mit dem Primgeiger Adolf Busch gegründeten *Busch-Quartett*, dem der Cellist bis 1930 angehörte. Das legendäre Streichquartett wurde für seinen Gesamtklang berühmt, bei dem nicht die „schöne“ Melodie im Vordergrund stand, sondern das Klanggewebe von vier eigenständigen Stimmen. Grümmer konzertierte mit seinem Stradivarius-Cello aber auch mit Arthur Nikisch, Wilhelm Furtwängler, Max Reger, Paul Hindemith und Wilhelm Kempff, mit dem er auch Plattenaufnahmen machte. Während er

sich nach dem Krieg allmählich aus dem internationalen Konzertleben zurückzog, unterrichtete er bis ins hohe Alter. Sein berühmtester Schüler war Nikolaus Harnoncourt. „Kein anderer Cellist“, so der Dirigent über seinen Lehrer, „hatte so einen wunderbaren Ton wie Paul Grümmer.“[17]

Auch viele Sänger, so ist den Jahrgängen des *Deutschen Bühnen-Jahrbuchs* zu entnehmen, haben sich in der Kantstraße eine Wohnung genommen. Darunter der Bariton Robert Leonhardt (1877 Linz – 2.2.1923 New York City), der die Nr. 160 bezog, als er in der Saison 1899/1900 am *Theater des Westens* engagiert war. Er gehörte später viele Jahre zum Ensemble der New Yorker *Metropolitan Opera*. Im selben Haus wohnte auch der Bassbariton Hanns Heinz Wunderlich (20.9.1888 Nürnberg – 4.1.1971 Berlin), der 1937 einem Ruf an die *Volksoper* folgte. Er war auch ein ausgezeichneter Konzert-, Oratorien- und Liedersänger. Zu den an Berliner Bühnen engagierten Sängern, die in der Kantstraße wohnten, gehörte der Tenor Carl (Karl) Jörn (5.1.1873 Riga – 19.12.1947 Denver/Colorado), der von 1903 bis 1906 in der Kantstraße 156/157 lebte, kurz nachdem er an der Berliner *Hofoper* engagiert wurde und zum Lieblingssänger Kaiser Wilhelms II. avancierte.[18]

Heinrich Reimann (14.3.1850 Rengersdorf – 24.5.1906 Berlin) wiederum wird 1896 die Nähe zur Kaiser-Wilhelm-Gedächtniskirche bewogen haben, sich in der Nr. 147 niederzulassen. Ihm war die Ehre widerfahren, als Organist der gerade erst eingeweihten Kirche berufen zu werden. Deren Sauer-Orgel war damals größer als alle anderen Berliner Orgeln. Reimann hatte sich zuvor als Verfasser musiktheoretischer und -historischer Schriften, als exzellenter Berichterstatter über das Berliner Musikleben und

Pepito Arriola, um 1897

als Organist auch an der Philharmonie-Orgel einen Namen gemacht. Bei seinen eigenen solistischen Orgelkonzerten standen die Werke von Bach im Vordergrund. Dabei räumte er, wie sein Schüler Karl Straube hervorhob, mit dem „in Berlin üblichen Schlendrian auf, Bach auf der Orgel stets in gleichförmigem Fortissimo zu spielen".[19]

José „Pepito" Rodríguez Carballeira Arriola (14.12.1896 in Betanzos/Spanien – 24.10.1954 Barce-

lona) war erst 14 Jahre alt, als er im *Berliner Adressbuch* als Haushaltsvorstand in der Kantstraße 99 geführt wurde, aber schon damals war der junge Pianist kein Unbekannter mehr.

Die musikalische Begabung Pepitos war früh entdeckt worden. Ein Konzert des Vierjährigen am spanischen Hof, bei dem er auch kleine eigene Kompositionen vortrug, brachte ihm ein Stipendium der Königin ein. Im gleichen Jahr begeisterte er auch 8 000 Zuhörer in der Royal Albert Hall in London. Lampenfieber hatte er dabei nicht. Ohnehin, so Pepito, sei ihm allein die Reaktion wichtig, die er mit seinem Spiel beim Publikum erzeuge. „I want to please them so much and don't want them to applaud me because I am a boy, but would rather have them come as real music-lovers to enjoy the music itself."[20] Nach einem Auftritt am Berliner Hof, bei dem Kaiser Wilhelm II. das Wunderkind mit einer juwelenbesetzten Brosche belohnte, und einem Konzert mit den Berliner Philharmonikern unter Arthur Nikisch (1908) siedelten sich Mutter und Sohn für kurze Zeit in Berlin an.

1909 veröffentlichte der namhafte Psychologe und Musikforscher Carl Stumpf, einer der ersten, der sich mit Forschungen über musikalische Wunderkinder beschäftigte, eine Studie über Pepito Arriola. Auch wenn den gestrengen Professor das „wahrhaft spanische Temperament" des Jungen irritierte, bei dem Jubel, Tränen und Zorn in rascher Folge wechselten, war er von den Fähigkeiten des kleinen Pepito sehr angetan: „[...] wie er den Geist des Musikstückes erfaßt, [...] wie er Nuancen hineinlegt, die wir nur als Ergebnisse reiner Kunsterfahrung anzusehen gewohnt sind, das ist erstaunlich."[21] Von Berlin aus brach Pepito Arriola zusammen mit seiner Mutter

Delphi Tanzpalast, 1930er-Jahre

zu einer Tournee durch die Vereinigten Staaten auf, bald danach verlieren sich ihre Spuren.

In der Kantstraße waren nicht nur Anhänger der klassischen Musik anzutreffen. Vielmehr entwickelte sich in den 1930er-/40er-Jahren besonders im Umkreis des Bahnhofs Zoologischer Garten mit mehr als einem Dutzend Tanzpalästen eines jener Vergnügungszentren, in denen die Berliner den Stürmen der Zeit zu entrinnen suchten. Sehr beliebt war der *Delphi Palast* neben dem *Theater des Westens*, ein opulenter Tanz-Tempel, der bereits 1927/28 nach Plänen des rührigen Bernhard Sehring errichtet worden war. Hier sorgten für kurze Zeit der englische Alt-Saxofonist Billy Bartholomew und seine Band Eden Five für erstklassige Musik. Darüber hinaus,

so wurde über den Eröffnungsabend berichtet, regte ein „pechschwarzer Sohn aus dem schwärzesten Urlande der Niggertänze" das gehobene Publikum mit den „geschnörkeltsten Verknickungen" des Charleston dazu an, es ihm gleichzutun.[22] Die „goldene Ära" des *Delphi Palastes* begann 1930, nachdem der Selfmademan Josef König das Haus übernommen hatte. Auch er setzte auf namhafte Orchester mit Musikern wie Paul Godwin. Einen besonderen Auftrieb erfuhr das *Delphi*, als während der Olympischen Spiele 1936 auch amerikanische Gäste in das Lokal strömten, das sich mit Teddy Stauffer und seinen Original Teddies zu einer Kultstätte für Swing mauserte. Die nationalsozialistischen Kulturfunktionäre „übersahen" geflissentlich, was dort gespielt wurde, wohl ahnend, dass

71

Tanzsaal des *Delphi Palastes*, 1930er-Jahre

Werbung für ein Konzert des niederländischen
Jazzmusikers Ernst van't Hoff, um 1940

sich mancher Volksgenosse sonst feindlicher Rund-
funksender bedient hätte, um in den Genuss der ver-
pönten Musik zu kommen. Damals hatten Königs
Lebensgefährtin Elfriede Scheibel und deren Sohn
Wilhelm die Leitung des Hauses inne. Der als Jude
bedrohte König hatte sich zu einer Scheinübergabe
gezwungen gesehen und war in die Schweiz emigriert. Obwohl im Krieg schwer zerstört, erlebte der
Delphi Palast 1948 mit einem Auftritt von Rex Stewart noch einmal einen Höhepunkt. Zum ersten Mal
gab sich ein prominenter Jazzmusiker aus den USA
wieder dazu her, vor einem deutschen Publikum zu
spielen. Danach wandelte man den großen Saal des
Tanz-Cafés in ein Kino um.

Erheblich wilder als im *Delphi* oder im Musikcafé
Dorett (Kantstraße 44) ist es im *Groschenkeller* in der
Nr. 126 zugegangen. In Räumen, die ursprünglich als Chauffeur-Kantine für die danebenliegen-
den Kant-Garagen gedient hatten, betrieb ab 1931

Coco Schumann (rechts) bei einer Jam-Session nach Kriegsende

Künstlertreff *Groschenkeller*, 1940

der staatenlose, aus dem austro-galizischen Tysmie-nice stammende Zenobjucz Messing, obwohl er der Falschspielerei wegen einen ziemlich schlechten Ruf genoss,[23] eine besonders bei Schauspielern und Musikern beliebte Kneipe. Stammgäste im Künstlercafé waren Trude Hesterberg, Paula Wessely, Attila Hörbiger, Heinrich George, Lotte Lenya und Bertolt Brecht. Nach der Machtübernahme der Nationalsozialisten musste sich Messing zurückziehen. Er soll, um zu überleben, mit der Gestapo paktiert haben. In den *Groschenkeller* aber kamen weiterhin alle, die Jazz mochten: Bully Buhlan, der Swing-König Teddy Stauffer und der Jazz-Gitarrist Coco Schumann, der später nach Theresienstadt und Auschwitz deportiert wurde.[24] Auch Helmut Zacharias, der als bester Jazz-Geiger in ganz Europa gefeiert wurde, legte dort Auftritte hin, „dass", so Coco Schumann, der die Vernichtungslager überlebt hat, „uns die Ohren schlackerten".[25]

Eingang des Live-Musik-Clubs *Quasimodo* im Untergeschoss des *Delphi*

Von den 1980er-Jahren an war das *Abraxas* in der Kantstraße 134 fast dreißig Jahre lang die Berliner Institution für Jazz, Funk und Soul. Im Keller des *Delphi*, im *Quasimodo*, gibt es noch heute Jazz. Der legendäre Club mit den Fotografien berühmter Musiker an den schwarzen Wänden besteht seit über vierzig Jahren. Chet Baker ist dort aufgetreten, Dizzy Gillespie, Art Blakey und Prince. Dass sich das *Quasimodo* als einer der renommierten Musikclubs Berlins auch nach dem Fall der Mauer behaupten konnte bzw. kann, liegt daran, dass das Musikprogramm dem Zeitgeschmack angepasst wurde. In den letzten Jahren waren es Klaus Voormann, Wolfgang Niedecken und Wigald Boning, die die Gäste begeisterten, aber immer erst ab 22 Uhr, weil sonst bei den *Vaganten* und im *Theater des Westens* die Wände vibrieren würden.

Anzeige des *Quasimodo*, 1985

LITERATEN UND PUBLIZISTEN

Gegen Ende des 19. und zu Beginn des 20. Jahrhunderts waren unter den Bewohnern der Kantstraße mit Friedrich Spielhagen, Paul Lindau und Max Kretzer führende Vertreter des Berliner Literaturbetriebs vertreten. Im Werk dieser drei Autoren spiegelt sich auf unterschiedliche Weise die gesellschaftliche Situation ihrer Zeit wider. Diese war vom Aufbruch nach dem Deutsch-Französischen Krieg geprägt, den viele Deutsche als eine neue Ära erlebten, in der Partikularismus und Provinzialität der Restauration überwunden und das Deutsche Reich gleichberechtigt und konkurrenzfähig im Verbund der europäischen Staaten schien. Dass der deutsche Nationalstaat endlich erreicht war, dass dieser überdies dank der Reparationen, die das besiegte Frankreich zu zahlen hatte, einen immensen wirtschaftlichen Aufschwung verzeichnen konnte, verbreitete Optimismus. Fortschritt und eine Steigerung des allgemeinen Wohlstandes schien auch die Entwicklung von Wissenschaft und Technik zu verheißen. Dennoch begannen das erstarkte nationalliberale Bürgertum und Literaten wie die eben genannten nach und nach die gesellschaftlichen Verwerfungen zu registrieren, die mit dem Übergang zur technisch-industriellen Produktionsweise einhergingen: wachsender Wohlstand und eine bürgerliche Neureichen-Kultur auf der einen und zunehmende Armut eines verelendenden Industrieproletariats auf der anderen Seite.

Friedrich Spielhagen (24.2.1829 Magdeburg – 25.2.1911 Berlin) reagierte mit gesellschaftskritischen Schilderungen, für die er nach neuen Inhalten und neuen literarischen Ausdrucksformen suchte. Schon sein erster Roman, *Problematische Naturen*, machte ihn über Nacht berühmt. Eigentlich, so umreißt Spielhagen dessen Gegenstand, „sollte der Held (Oswald) meines Romans in die verschiedensten Lagen geraten, sich durch die verschiedensten Kreise hindurchbewegen, und während er so Gelegenheit erhielt, sich vollkommen ,auszuleben‘, dem Autor die Möglichkeit gewähren, ein möglichst reiches und vollständiges Gemälde der modernen Gesellschaft zu entwerfen"[1]. Weil jedoch bereits das erste Erzähltableau, Oswalds Begegnung mit dem Adel, sehr ausführlich geraten war, musste der Rest, sein Leben in anderen Gesellschaftskreisen, fragmentarisch bleiben. Dem Erfolg des Romans tat dies keinen Abbruch. In den Jahren 1861 bis 1929 erschienen die *Problematischen Naturen* in 77 Auflagen, sie wurden in fast alle europäischen Sprachen übersetzt und reichten so an Goethes *Werther* heran. Begeisterte deutsche Leser gaben ihren Töchtern den Namen der Protagonistin Melitta und reisten zu den Schauplätzen des Romans. Die 1869 erschienene amerikanische Ausgabe wurde sofort in der *New York Times* rezensiert, in Russland war Spielhagen im letzten Drittel des 19. Jahrhunderts der meistübersetzte deutschsprachige Schriftsteller.[2] Spielhagens Bücher erregten Aufsehen, weil sich der Romancier als einer der ersten in Deutschland nicht nur mit Standesdünkel und den sozialen Folgen der Industrialisierung, sondern auch mit der Zerstörung der Natur durch technischen Fortschritt und mit der Stellung der Frau beschäftigte. Kritiker bemängelten jedoch seinen Stil, eine Mischung aus lebendig geschriebenen, originellen Passagen und Textpartien, die der Trivialliteratur nahestanden.

Friedrich Spielhagen, um 1900

Der Star der Berliner Literaturszene, der mit seiner Familie vom Herbst 1894 bis zu seinem Tode gegenüber der Gedächtniskirche in der Kantstraße 165/166 wohnte, konnte seinen siebzigsten Geburtstag mit fünfhundert Gästen feiern und sich an einer ungewöhnlichen Auszeichnung erfreuen: Die Stadt Charlottenburg benannte, was sonst nicht üblich war, schon zu seinen Lebzeiten eine Straße nach dem Autor. Doch nicht alle mochten sich dem Kreis der Bewunderer anschließen, wie ein Kommentar der Schriftstellerin Marie von Bunsen beweist:

„Was er mir erzählte, immer drehte sich alles um ihn, den Poeten, den bekanntesten Literaten Berlins, der bei allen öffentlichen Gelegenheiten, die sich auf sein Gebiet beziehen, zündend das Wort führt, der die öffentliche Meinung eigentlich macht. Dann brüstete er sich mit der vornehmen Herkunft seiner Frau, […] mit den seltenen Talenten seiner Töchter, mit seiner intimen Kenntnis des pommerschen Adels", die er allerdings seiner dortigen Hauslehrertätigkeit verdankte, die er verschwieg.[3]

Auch Paul Lindau (3.6.1839 Magdeburg – 31.1.1919 Berlin), ein ebenso erfolgreicher Theater- und Literaturkritiker wie Autor, galt in den 1880er-/90er-Jahren als wichtige Kulturinstanz Berlins. Er lebte von 1906 bis 1917 in der Kantstraße 123. Als er dort einzog, hatte seine Karriere den Zenit jedoch bereits überschritten. Lindau hatte nach einem längeren Aufenthalt in Paris mit Übersetzungen dazu beigetragen, französische Sittenstücke in seiner Heimat bekannt zu machen. Das deutsche Publikum, längst der Klassik überdrüssig, wusste zu schätzen, was laut Lindau die Besonderheit der Theaterkunst aus dem Nachbarland ausmachte: Die französischen Dichter „greifen mit kecken Fingern mitten hinein in die Gesellschaft, in der sie leben, sie ergreifen die ernsthaftesten Conflikte, welche Verwirrung und Bestürzung in die Familie und in die grosse Familie, die man Staat nennt, bringen"[4].

Auch die Mitarbeit und Leitung verschiedener Zeitungen, vor allem seine eigenen Periodika, darunter die Wochenschrift *Die Gegenwart* – laut Fontane „das angesehenste und vornehmste Blatt"[5], das Deutschland besäße – und die Monatsschrift *Nord und Süd* mit prominenten Mitarbeitern wie Karl Gutzkow und Gottfried Keller brachten Lindau eine führende Stellung im Literatur- und Theaterbetrieb ein. Seine Romane allerdings, etwa der *Berlin*-Zyklus (1886–1888), zeichnen sich zwar durch eine detailreiche Schilderung von

Paul Lindau und Sohn, um 1908

Schauplätzen aus, bleiben jedoch bei der Herausarbei-
tung der Charaktere in Typisierungen befangen, die
auf den Geschmack des bürgerlichen Publikums zu-
geschnitten waren. Deswegen liefert Lindau, wenn er
im Roman *Die Spitzen* Kriminelle in dem ihnen ver-
meintlich eigenen Jargon auftreten lässt, sicherheitshal-
ber gleich eine Übersetzung mit. „Und laß dich von
dem Halunken in der Mehnerstraße, dem Tingel-Ede,
nicht trampeln (betrügen) und beschummeln! [...] Sag
ihm, ich käme morgen, und morgen solle er die Asche
an mich abladen (Den Betrag in Münze zahlen)."[6]

Gegen den „Literaturpapst" Berlins formte sich
noch vor der Jahrhundertwende eine Opposition.
Seine Kritik, die er ironisch-offensiv, manchmal
anmaßend ausgeteilt hatte, wurde als von persönlichen Interessen geleitet verurteilt, seine Stücke und
Romane als seichte Salonliteratur niedergemacht.

Der Naturalismus begann sich durchzusetzen,
mit Büchern, wie sie Max Kretzer (7.6.1854 Posen
– 15.7.1941 Berlin) vorlegte. Diesen hatte eine von
Not geprägte Jugend früh für die gesellschaftlichen
Probleme seiner Zeit sensibilisiert. Kretzer hatte be-

Max Kretzer mit Familie, 1904

reits im Alter von 13 Jahren die Realschule verlassen müssen, hatte sich als Arbeiter in einer Lampenfabrik und als Porzellan- und Schildermaler durchgeschlagen und kam unter dem Einfluss der Lektüre von Émile Zola, Charles Dickens und Gustav Freytag zum Schreiben. Schon mit seinem Frühwerk etablierte sich Kretzer als einer der ersten naturalistischen Schriftsteller im deutschsprachigen Raum. Sein bekanntester Roman, *Meister Timpe* (1888), schildert den aussichtslosen Kampf des traditionsverwurzelten Drechslermeisters Timpe gegen die Konkurrenz der industriellen Massenproduktion. Es sind Beschreibungen des sich wandelnden Erscheinungsbildes von Berlins Osten, mit denen Kretzer Veränderungen der sozialen Wirklichkeit verdeutlicht. Das „aus einer längst vergangenen Epoche"[7] stammende kleine Haus, in dem Timpe mit seiner Familie lebt und arbeitet, gerät, allmählich dicht umschlossen von Mietskasernen, der neuen Stadtbahn und einem direkt angrenzenden Industriebetrieb, in eine bedrängte Lage. Stärkstes Symbol für

die Unhaltbarkeit der sozialen Position des Drechslermeisters ist die Fabrik, die sich vor dem verstörten Handwerker wie ein bedrohliches Ungeheuer auftürmt: „Gespensterhaft, grell vom Licht des Mondes beschienen, ragten die fensterlosen Mauern der neuen Fabrik in den Äther. [...] Und plötzlich stieg blutigroter Qualm vor seinen Augen auf. Tausend Arme streckten sich ihm entgegen, riesige Hämmer wurden über seinem Kopf geschwungen, und aus unzähligen Kehlen hallten die fürchterlichen Worte: ,Meister, wir schlagen dich tot, du bist uns im Weg'."[8]

Nach der Jahrhundertwende legte Kretzer eher anspruchslose Unterhaltungsliteratur vor. Auch hat er sich nach 1933 „als Vorkämpfer der Bewegung" mit dem Nationalsozialismus arrangiert. Er traf dort ohnehin wegen unübersehbarer antisemitischer Töne in seinem Werk auf wohlwollende Anerkennung. Sie sind beispielsweise im Band *Die Verkommenen* (1883) enthalten, wo den Ostjuden aus der Rosenthaler Vorstadt stereotyp „Schnorrertum" angedichtet wird.

Charlottenburg   Kantstrasse, Ecke Joachimsthaler Str.

Wilhelm Liebknecht, 1870er-Jahre

Kantstraße, Ecke Joachimsthaler Straße. Die Wohnung Wilhelm Liebknechts befand sich in der Nr. 160 (links, nach dem Eckgebäude)

Kretzer hat aber keine Rolle in der nationalsozialistischen Kulturpolitik gespielt.[9]

Max Kretzer wohnte von 1902 bis 1910 in der Nähe des Savignyplatzes in der Kantstraße 19. Damals schien ihn einmal nicht finanzielle Not geplagt zu haben. Wie schwer es ihm fiel, sich trotz hoher Auflagen bei den geringen Honoraren, die ihm die Verlage gewährten, als Schriftsteller über Wasser zu halten, ist den Akten der Deutschen Schillerstiftung in Weimar zu entnehmen, die ihm von 1895 an bis zu seinem Tode Zuwendungen hat zukommen lassen.[10]

In der Nachbarschaft Spielhagens, in der Kantstraße 160, lebte Wilhelm Liebknecht (29.3.1826 Gießen – 7.8.1900 Charlottenburg), einer der Gründerväter der Sozialdemokratie, der im Charlottenburger Adressbuch als Schriftsteller geführt wurde. Als er dort 1890 mit seiner Familie einzog, ragte der Neubau wie ein Monolith aus der Wüstenei der Baustellen in der Umgebung auf. Damals war Liebknecht nicht nur – neben August Bebel – Vorsitzender der Sozi-

aldemokratischen Partei, sondern auch Chefredakteur der Parteizeitung *Vorwärts*, eine Position, die ihn erstmals von finanziellen Problemen entlastete. Im Allgemeinen hat Wilhelm Liebknecht, Vater von fünf Söhnen – darunter Karl Liebknecht, der Mitbegründer der Kommunistischen Partei Deutschlands –, eher bescheiden gelebt. Er habe, so die Genossen, an seinem „abgetragenen zeisiggrünen Röcklein gar so zäh gehangen", dass es „parteiamtlich" habe „expropriiert" werden müssen.[11] Desto bemerkenswerter fanden viele, dass der Arbeiterführer eine relativ luxuriöse Behausung gewählt hatte. Auch Friedrich Engels ließ sich darüber aus, als er sich im September 1893 in der Reichshauptstadt aufhielt und dabei auch seinen „Library", wie er Liebknecht seit der gemeinsamen Londoner Zeit nannte, in der Kantstraße besuchte. „Library sieht sehr gut aus", berichtete er Karl Marx' Tochter Laura Lafargue am 18. September 1893, „er beginnt, einen Schmerbauch anzusetzen; seine Frau machte uns eine Bowle aus

Trauerzug für Wilhelm Liebknecht, 12. August 1900

Wein und Früchten; es war eine ziemlich zahlreiche Gesellschaft versammelt. Er wohnt au quatrième [...] außerhalb des eigentlichen Zentrums von Berlin, in Charlottenburg, aber seine Behausung kostet ihn an die 1 800 Mark pro Jahr."[12] Überdies war Engels über die neue Wohnung seines Freundes, weil ihm die Räume „schrecklich verbaut" schienen, regelrecht „entsetzt". „Hier in Berlin hat man das ‚Berliner Zimmer' erfunden, mit kaum einer Spur von Fenster, und darin verbringen die Berliner den größten Teil ihrer Zeit. Nach vorn hinaus gehen das Eßzimmer (die gute Stube, die nur bei großen Anlässen benutzt wird) und der Salon (noch vornehmer und noch seltener benutzt) [...], die Schlafzimmer nach dem Hof." Mithin: „Aufmachung und sogar Glanz nach außen, Finsternis, Unbehaglichkeit und schlechte Anordnung nach innen [...]."[13]

Liebknecht, meist liebevoll „der Alte" genannt, genoss bereits zu Lebzeiten einen legendären Ruf. Er galt nicht nur der deutschen, sondern auch der internationalen Arbeiterbewegung als Integrationsfigur. Überwältigend war daher die Reaktion auf seinen Tod. Beim Trauerzug von der Kantstraße bis zum Friedhof in Friedrichsfelde, im Ortsteil Lichtenberg gelegen, standen 150 000 Menschen Spalier. Eine Sechs-Zimmer-Wohnung in der Kantstraße 152 war seit 1927 – daran erinnert eine Gedenktafel links neben der *Paris Bar* – Redaktionssitz der Wochenschrift *Die Weltbühne*, eine 1905 unter dem Namen *Die Schaubühne* von Siegfried Jacobsohn begründete Zeitschrift. Unter der Leitung von Carl von Ossietzky (3.10.1889 Hamburg – 4.5.1938 Berlin) entwickelte sie sich zur wichtigen Plattform einer kritischen Auseinandersetzung mit der Republik, der reaktionären Justiz und dem Rechtsextremismus, bot aber auch Theater- und Literaturkritik. Ossietzky gelang es, neue Autoren wie Arnold Zweig, Walter Mehring und Ernst Toller für das Wochenblatt zu gewinnen. Auch Kurt Tucholsky gehörte dazu, der, seit er als *Weltbühnen*-Korrespondent in Paris lebte, bei seinem Aufenthalt in Berlin unter anderem im *Hotel Hessler* in der Kantstraße 165/166 oder auch im *Parkhotel* in der Hardenbergstraße logierte.[14]

Nach einem Artikel über Fememorde der illegal agierenden Schwarzen Reichswehr, der Ossietzky 1927 zwei Monate Gefängnis einbrachte, machte das Blatt 1929 erneut mit einem Beitrag Schlagzeilen, der auf die laut dem Versailler Friedensvertrag verbotene Aufrüstung der Reichswehr aufmerksam machte. Ossietzky wurde daraufhin wegen Landesverrats und

Carl von Ossietzky, 1933

Gedenktafel für Carl von Ossietzky von 1959, Kantstraße 152

Verrats militärischer Geheimnisse zu 18 Monaten Gefängnis verurteilt. Zahlreiche Freunde begleiteten ihn am 10. Mai 1932 von der *Weltbühnen*-Redaktion in der Kantstraße zur Haftanstalt Tegel. Auch nach der neuerlichen Inhaftierung ließ Ossietzky nicht davon ab, den Nationalsozialismus aufs Korn zu nehmen. Er nannte Hitler einen „Zirkusdirektor", Goebbels einen „hysterischen Zappelwitsch von einem Tribun",[15] verkannte jedoch die Macht der neuen Bewegung. Obwohl ihm Freunde und Kollegen eindringlich rieten, das Land zu verlassen, konnte er sich nicht zur Ausreise durchringen. Ein allzu großes Vertrauen auf den Widerstand antifaschistischer Kräfte mag ein Beweggrund gewesen sein, vermutlich auch die Sorge, im Ausland chancenlos zu sein, und die Rücksicht auf den labilen Zustand seiner Frau.[16] Carl von Ossietzky wurde in der Nacht des Reichstagsbrandes verhaftet, ins KZ Sonnenburg bei Küstrin und von dort ein Jahr später ins Lager Esterwegen verbracht und hatte

Zwangsarbeit bei der Trockenlegung des Moores zu leisten. Ohne die Solidarität seiner Mithäftlinge hätte der bereits schwer gezeichnete Ossietzky nicht lange durchhalten können. Als ihm am 23. November 1936 der Friedensnobelpreis verliehen wurde – an der Kampagne für die Nominierung hatte sich in Norwegen auch Willy Brandt beteiligt – befand er sich todkrank im Krankenhaus Westend, ständig von der Gestapo bewacht. Die persönliche Entgegennahme des Preises wurde ihm untersagt. Von Ossietzky verstarb, schließlich in eine Privatklinik in Niederschönhausen verbracht, an den Folgen der Haft.

„Es ist Zeit wegzugehen. Sie werden unsere Bücher verbrennen und uns damit meinen", hatte auch der Schriftsteller Joseph Roth im Juni 1932 im Kreise seines Verlegers Gustav Kiepenheuer vorhergesehen.[17] Wie recht er hatte, sollte nicht nur die Bücherverbrennung auf dem Opernplatz beweisen, sondern auch eine Razzia der SA in den Räumen des Kiepenheuer-Verlages in der Kantstraße 10. Der Verlag, der als Sammelbecken linksbürgerlicher Autoren fungierte, war nach der Beschlagnahme von achtzig Prozent des Buchlagers zur vorläufigen Aufgabe gezwungen.[18]

Ähnlich wie Ossietzky konnte sich auch die Kinder- und Jugendbuchautorin Else Ury (1.11.1877 Berlin – 13.1.1943 Auschwitz) nicht entschließen, das Land zu verlassen. Von ihren 39 Romanen ist es besonders die zehn Bände umfassende *Nesthäkchen*-Reihe (1913–1925), die sie international bekannt machte. Sie ist bis Ende der 1990er-Jahre sieben Millionen Mal und in viele Sprachen übersetzt aufgelegt worden. Die Weihnachten 1983 zum ersten Mal vom ZDF ausgestrahlte Verfilmung haben mehr als 13 Millionen Zuschauer gesehen.

Else Ury begann zu schreiben, als sie 1905 mit Eltern und Geschwistern in das schöne, an der Ecke

Else Ury, 1938

Schlüterstraße gelegene Gründerzeithaus Nr. 30 zog. Dort lebte die Familie bis 1932 im zweiten Stock in einer Siebeneinhalb-Zimmer-Wohnung. Urys Arbeits- und Schlafzimmer war ein relativ großer Raum mit Blick auf den Hinterhof, direkt gegenüber befand sich die Arztpraxis des Bruders. Jeweils anderthalb Stunden vor- und nachmittags konnte Else Ury an ihren Texten arbeiten, danach stand der Haushalt auf dem Plan. Aber sie war bescheiden, und Ansprüche anzumelden geziemte sich ohnehin nicht für eine junge jüdische Frau, die schon für die Erlaubnis, mit Schreiben einer beruflichen Tätigkeit, einem Gelderwerb nachgehen zu dürfen, dankbar zu sein hatte. Deswegen hatte sie auf Geheiß ihres Vaters ihre ersten Veröffentlichungen in der *Vossischen Zeitung* unter Pseudonym veröffentlicht.

Auch wenn es sich um unterhaltsame Jugendliteratur handelt: Die Emanzipation der Frau ist eines von Urys zentralen Themen. „Die Frauen fangen an, sich auf ihre Menschenrechte zu besinnen, auf ihren Anspruch auf Bildung, Arbeit und freien Beruf", lässt sie in ihrem Roman *Wie einst im Mai* (1930) die Protagonistin Hanna Kruse feststellen.[19] Auch fortschrittliche soziale Einrichtungen wie das Pestalozzi-Fröbel-Haus, eine der ältesten Ausbildungsstätten für soziale Berufe in Deutschland, werden darin geschildert, und von Lina Morgenstern, Gründerin der Berliner Volksküchen, wird erzählt. Letztlich wurde alles, was Else Ury als eifriger Leserin der *Vossischen* auffiel, alle Informationen, die geeignet schienen, ihren Büchern Authentizität und Zeitkolorit zu geben, in ihre Romane aufgenommen: Inflation und Kohlenknappheit, Generalstreik, Stromsperren oder die Wandervogelbewegung.

Wie in der 1993 von Marianne Brentzel vorgelegten Ury-Biografie beschrieben, gehörte auch die populäre Autorin zu den Opfern des Nationalsozialismus.[20] Dabei hatte eine kurze Passage im Roman *Jugend voraus* (1933), Urys letztem Buch, Publizisten gar dazu veranlasst, sie als Wegbereiterin oder zumindest Mitläuferin der Nationalsozialisten zu betrachten. Von „aufbauwilligen Deutschen" ist darin die Rede, die „unter Führung des Reichskanzlers Hitler" mithelfen wollten, Deutschland „aus seiner wirtschaftlichen Not zu befreien".[21] Zielsetzung und Gesamtdarstellung ihres Werks lassen eine solche Einschätzung jedoch unhalt-

Die *Nesthäkchen*-Reihe (hier die Umschlagillustration eines Bandes von 1924) machte Else Ury zu einer der bekanntesten Kinderbuchautorinnen der 1920er-Jahre

bar erscheinen. Marianne Brentzel, die sich durchaus kritisch mit Else Ury auseinandergesetzt hat, bringt es treffend auf den Punkt: „Ein selbstverständlicher Teil ihres Lebensgefühls war der Patriotismus, den sie entsprechend dem Zeitgeist darstellte. Dieser Heimatglaube machte sie anfangs blind für die Brutalität und den Vernichtungswillen der Nationalsozialisten und ließ sie das Buch ‚Jugend voraus‘ schreiben, in dem Hitler als ‚politischer Vorfrühling‘ dargestellt wird.“[22]

Else Ury wurde 1935 aus der Reichsschrifttumskammer ausgeschlossen. Sie besuchte noch im April 1938 ihren Neffen in London, kehrte jedoch, um die betagte Mutter nicht im Stich zu lassen, nach Berlin zurück. Beide lebten zuletzt in einem sogenannten Judenhaus in der Solinger Straße 10. Als die Mutter im April 1940 starb, blieb Else Ury völlig allein zurück. Alle Verwandten waren längst emigriert. Die 65-Jährige wurde am 12. Januar 1943 vom Bahnhof Grunewald aus deportiert und am 13. Januar im KZ Auschwitz ermordet.

Gedenktafel für Else Ury, Kantstraße 30

WISSENSCHAFTLER UND TECHNIKER

„In der Stadt, welche nun auch anfängt durch die Kunst verschönt zu werden", vermerkt der Chronist Charlottenburgs 1905 mit Befriedigung, „haben höhere Beamte und Offiziere im Ruhestand immer mit Vorliebe ihren Wohnsitz genommen; die drei Hochschulen haben dazu beigetragen, in ihren Professoren hervorragende Vertreter der Kunst und Wissenschaft in Charlottenburg ansässig zu machen und die Zahl der seit vielen Jahren hier heimischen Berliner Universitätslehrer zu vermehren."[1]

Mit Eduard Norden (21.9.1868 Emden – 13.7.1941 Zürich), einem klassischen Philologen und Religionshistoriker, beherbergte die Kantstraße für einige Monate einen Fachwissenschaftler von internationalem Rang. Er zog 1907, kurz nach seiner Berufung an das Institut für Altertumskunde der Friedrich-Wilhelms-Universität, in die Nr. 47. Bereits Nordens erstes größeres Werk, die *Antike Kunstprosa* (1898), erregte in der Fachwelt großes Aufsehen. Er beschäftigt sich darin mit der Rhetorik in der Prosa griechischer und lateinischer Autoren.[2] Eine zusammen mit Alfred Gercke erstellte dreibändige *Einleitung in die Altertumswissenschaft* (1910–1927) ist vielen Studenten als *Gercke-Norden* zu einem Begriff und unentbehrlichen Handbuch geworden. Höhepunkt der steilen Karriere Nordens war 1936 die Verleihung des Ehrendoktorats der Harvard University. Damit, so deren Präsident James Bryant Conant, werde der „berühmteste Latinist der Welt" ausgezeichnet. Doch da hatte auch Norden längst die mit der Machtergreifung der Nationalsozialisten einhergehende Diskriminierung eingeholt. Zwar hatte er noch im August 1934 den

Der Rektor der Friedrich-Wilhelms-Universität Eduard Norden (links) und sein Amtsvorgänger Ernst Triepel bei der Rektoratsübergabe am 15. Oktober 1927

Treueeid auf den „Führer" geleistet, dennoch wurde er nach und nach aus allen Gremien, denen er angehörte, verdrängt. Nachdem er, um die erforderliche Zwangsabgabe begleichen zu können, die „auswanderungswillige Juden" zu entrichten hatten, einen Teil seiner Bibliothek und sein Haus in Lichterfelde verkauft hatte, emigrierte Norden 1939 mit seiner Frau in die Schweiz. Verbittert starb er dort zwei Jahre später.

Franz Oppenheimer mit Tochter Renata, um 1918

Noch heute international bekannt ist Franz Oppenheimer (30.3.1864 Berlin – 30.9.1943 Los Angeles), der mit seiner Familie in der Nr. 159 lebte. Verzeichnet ihn das *Berliner Adressbuch* in den Jahren 1895/96 noch als „Dr. med., Hals-, Nasen- und Ohrenarzt", so taucht ein Jahr später der Zusatz „Schriftsteller" auf. Denn wenn sich Oppenheimer auch zunächst als Mediziner in einem der Berliner Armenviertel betätigte, waren es soziale Fragen und die ihnen zugrundeliegenden ökonomischen Bedingungen, die ihn vorrangig beschäftigten.[3] Gegenstand seiner ersten

Publikationen waren genossenschaftliche Siedlungsprojekte, auch der Zionismus. Aber der erstaunlich vielseitige Oppenheimer schrieb auch, um sich und seine Familie durchzubringen, gesellschaftskritische und feuilletonistische Beiträge für Tageszeitungen wie die *Vossische*.[4] Von der Rolle eines humorvollen Gesellschaftskritikers verabschiedete sich Oppenheimer jedoch bald. Stattdessen beschäftigte er sich autodidaktisch, weil es dafür noch keinen entsprechenden Lehrstuhl gab, mit Soziologie und Nationalökonomie und habilitierte sich im Fach Volkswirtschaftslehre. Seit 1919 bekleidete er als erster deutscher Wissenschaftler einen eigens für ihn von dem Unternehmer Karl Kotzenberg gestifteten Lehrstuhl für Soziologie und theoretische Nationalökonomie an der Johann Wolfgang Goethe-Universität in Frankfurt am Main. Dort entstand sein acht Bände umfassendes Werk *System der Soziologie*, in dem Oppenheimer einen „dritten" Weg zwischen Kommunismus und Kapitalismus aufzeigt, den Weg des „liberalen Sozialismus": eigentlich, so Oppenheimer in seinen mit viel Berliner Witz verfassten Lebenserinnerungen, so etwas wie der „berühmte Bastard von Karpfen und Kaninchen"[5]. Anstelle von Kapitalismus und jeder Art von Kollektivismus propagierte Oppenheimer ein Gemeineigentum an Grund und Boden, seiner Meinung nach das einzige Mittel, um sozialer Ungleichheit zu begegnen. Diese Ideen haben Ludwig Erhard, seinen berühmtesten Schüler, maßgeblich bei seinem Konzept der Sozialen Marktwirtschaft beeinflusst.[6]

Oppenheimer, Sohn eines Rabbiners der jüdischen Reformgemeinde Berlins, hat lange gezögert, Deutschland zu verlassen. „Mang uns mang is eener mang, der nich mang uns mang gehört": An gewisse Formen der Ausgrenzung hatte er sich längst gewöhnt.[7] Erst im Dezember 1938 reiste er zusammen mit seiner Tochter nach Japan, um mit einem Lehrauftrag an der Keio-Universität in Tokio den Lebens-

Adolf Miethe

Blick auf den ehemaligen Wilmersdorfer See, die Wilhelmsaue und die Auenkirche, 1906, Foto: Adolf Miethe

unterhalt zu bestreiten. Nach dem Kulturabkommen, das Japan und das nationalsozialistische Deutschland abgeschlossen hatten, wurde Oppenheimer jedoch das Beschäftigungsverhältnis verwehrt. Als ihm überdies die Aufenthaltserlaubnis entzogen wurde, emigrierten Vater und Tochter über Shanghai in die USA. In Los Angeles verbrachte Oppenheimer seine letzten Jahre.

Zu den Pionieren seines Fachs gehörte auch der Fotochemiker und -techniker Adolf Miethe (25.4.1862 Potsdam – 5.5.1927 Berlin). Ihn hat die Berufung an die Technische Hochschule dazu veranlasst, Ende September 1899 mit seiner Familie aus Braunschweig nach Charlottenburg, in die Kantstraße 42 zu ziehen. Dank seiner herausragenden Leistungen trug er – seit

1904 auch als Rektor – dazu bei, dass sich die Hochschule zu einer international bedeutenden Ausbildungsstätte entwickelte.

Miethe hatte Physik, Astronomie und Chemie studiert, davor bereits als Hilfsassistent am Observatorium seiner Heimatstadt erste Erfahrungen auf dem Gebiet der Astrofotografie gesammelt und als teilweise leitender Mitarbeiter in der optischen Industrie – darunter auch beim Marktführer Voigtländer & Co. – Mikroskopobjektive, Fernrohre und -gläser entwickelt und ein Patent auf das erste wirklich brauchbare Teleobjektiv erworben.[8] An der Technischen Hochschule Charlottenburg sorgte Miethe für einen Um- und Ausbau des Chemiegebäudes, die dieses erst zu einem leistungsfähigen Institut machten, und wurde mit Erfindungen im Bereich der Farbfotografie selbst der nichtwissenschaftlichen Öffentlichkeit bekannt. Miethe entwickelte ein freilich noch kompliziertes Verfahren, mit dem alle Spektralfarben, nacheinander aufgenommen und durch einen Projektor additiv vermischt, ein ziemlich naturgetreues Farbbild ergaben. Besonderes Aufsehen erregten die farbigen Luftaufnahmen, die er ab 1906 von einem Ballon aus machte. Die dafür notwendige Ausbildung zum Ballonfahrer hatte Miethe in der Luftschifferabteilung des Heeres absolviert.[9] Seinem Hobby, der Dreifarbenfotografie, hat Miethe extensiv gefrönt, auch bei Expeditionen, die ihn nach Ägypten und Spitzbergen führten. Er hat tausende gelungener Farbaufnahmen aus aller Welt zusammengetragen. Einige wurden 1904 im von der Kölner Firma Stollwerck herausgebrachten Sammelalbum *Aus Deutschlands Gauen* abgebildet, dem ersten vollständig mit Farbaufnahmen versehenen größeren Druckwerk in Deutschland.

Adolf Miethe starb infolge einer Sepsis an einer Wunde, die er sich bei einem Zugunglück zugezogen hatte. Er wurde unter Beteiligung des gesamten Lehrkörpers der Technischen Hochschule auf dem Alten Friedhof in Potsdam beigesetzt.

Es war zwar nur ein Jahr, das der Ingenieur Rudolf Diesel (18.3.1858 Paris – 29.9.1913 Ärmelkanal), ein weiterer, weltweit bekannter Technikpionier, zusammen mit seiner Familie in der Kantstraße 153 verbracht hat, aber die Jahre 1893/94 erwiesen sich als ein entscheidendes Stadium in der Entwicklung seines Verbrennungsmotors. Deswegen befindet sich dort auch eine Gedenktafel. „In unserer Wohnung", so Diesels Sohn Eugen, „herrschte der bürgerlich-städtische Geist der Arbeit, der Wissenschaft, des Fortschritts. [...] In einem Zimmer zeichnete Ingenieur Johannes Nadrowski an einem großen schrägen Brett mit feinen hölzernen Schienen. [...] Der Motor hauste wie ein Dämon in der Wohnung und übte einen Zwang auf unser Dasein aus. Lucie von Motz hatte ihn Vater Diesels schwarze Geliebte getauft."[10]

Der Weg des Erfinders war beschwerlich und hat Höchstleistungen abverlangt.[11] Schon die Erlaubnis, an der Technischen Hochschule in München studieren zu dürfen, hatte Diesel, Sohn eines Buchbinders und späteren Lederwarenherstellers, den in finanziell angespannten Verhältnissen lebenden Eltern abringen müssen, denn diese drängten auf rasches Geldverdienen. Er sollte es 1880 mit dem bis dahin besten Zeugnis aller Studenten der Hochschule beenden. Längst für die Beschäftigung mit Wärmekraftmaschinen entbrannt, musste sich Diesel jedoch erst einmal eine Existenzgrundlage schaffen. Einer seiner Professoren, der Erfinder der Kältemaschinen, Carl von Linde, war ihm dabei behilflich. Er verschaffte dem jungen Ingenieur eine Stelle in seiner Fabrik. Diesel wurde Direktor von Lindes Tochterfirma in Paris und in Berlin technischer Leiter seiner Eismaschinenfabrik. Hier konnte er auch die Früchte jahrelanger Arbeit ernten. 1893 erhielt er das Patent Nr. DRP 67 207 für eine

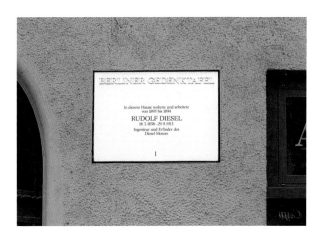

Gedenktafel für Rudolf Diesel am Haus Kantstraße 153

„neue, rationelle Wärmekraftmaschine". Doch sein Motor existierte bis dahin wesentlich in der Theorie. Es bedurfte weiterer vier Jahre intensiven, kostspieligen Experimentierens, bis aus einem in der Maschinenfabrik Augsburg hergestellten ersten Prototyp ein funktionstüchtiges Modell wurde. Dieser Motor, dem Diesel auf Anregung seiner Frau den eigenen Namen gab, arbeitete mehr als doppelt so effizient wie die Dampfmaschine.

Mittlerweile als einer der erfolgreichsten Erfinder weltweit bekannt, der nach der Gründung der Dieselmotorenfabrik Augsburg und weiterer Firmengründungen sowie durch den Verkauf von Lizenzen auf seine Erfindung zu erheblichem Wohlstand gelangt war, bezog Diesel mit der Familie eine repräsentative Villa in München-Bogenhausen. Aber die Sorge um Spekulationsgeschäfte, zu denen er wenig befähigt war, und jahrelange Patentprozesse zehrten an Vermögen und Gesundheit. Häufig von schweren Kopfschmerzen geplagt, war Diesel wiederholt zu Aufenthalten in Sanatorien gezwungen. Am 29. September 1913 brach er von Antwerpen mit dem Postschiff *Dresden* zu einer Reise nach England auf, um an einem Treffen der Consolidated Diesel Manufacturing Ltd. teilzunehmen. Doch in der Nacht der Überfahrt verschwand er auf ungeklärte Weise von Bord. Niederländische Seeleute entdeckten elf Tage später einen im Meer treibenden Leichnam, den sie selbst nicht bergen konnten, dem sie jedoch einige persönliche Gegenstände abnahmen, die Diesels jüngster Sohn als seinem Vater gehörend identifizierte. Die ungeklärten Umstände von Diesels Tod erregten weltweit Aufsehen und boten Anlass zu allerhand Verschwörungstheorien. Der britische Geheimdienst habe Diesel beseitigt, um die deutsche Aufrüstung zu sabotieren, spekulierten einige. Andere verdächtigten das Umfeld des Kaisers, raunten, dass man Diesel als Verräter getötet habe, um

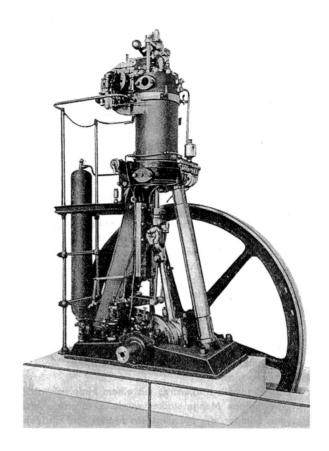

Der erste Dieselmotor, 1897

U-Boot-Geheimnisse zu schützen. Dass aber Diesel sich in einer wirtschaftlich schwierigen Situation befand und psychisch schwer belastet war, lässt einen Suizid naheliegend erscheinen. Den weltweiten Durchbruch seines Motors hat Diesel nicht mehr erlebt. Der Antrieb wurde von 1912 an in Schiffen, U-Booten und Luftschiffen eingesetzt, ab den 1920er-Jahren auch serienmäßig für Personenwagen.

Als sich Hermann Oberth (25.6.1894 Hermannstadt – 28.12.1989 Nürnberg) für ein paar Wochen in Berlin aufhielt – er wohnte damals bei Pasemann in der Kantstraße 56a[12] –, hatte er bereits Bahnbrechendes im Bereich der Raumfahrttechnik geleistet.

Nach der Lektüre futuristischer Romane von Jules Verne schon als Schüler vom Thema Raumfahrt fas-

Hermann Oberth in einer der Ufa-Werkstätten, 1929

übernahm, seine Überlegungen in dem Band *Die Rakete zu den Planetenräumen* (1923) veröffentlichen. Die darin enthaltenen Ideen und Berechnungen, so sein späterer Schüler Wernher von Braun, lieferten den Beweis für die technische Durchführbarkeit der Raumfahrt. Sie beschreiben auch in „prophetischer Klarheit alle wesentlichen Elemente der heutigen Großraketen"[13].

Das Erstlingswerk erregte nicht nur die Aufmerksamkeit der Fachwelt, sondern auch die der Filmemacher Fritz Lang und Thea von Harbou, die mit den Vorbereitungen ihres Films *Die Frau im Mond* beschäftigt waren. Sie holten Oberth, der dafür den Schuldienst unterbrach, für einige Monate als wissenschaftlichen Berater nach Berlin. Während der vielen Tage beim Dreh in den Hallen in Neubabelsberg achtete Oberth penibel darauf, dass seine Erkenntnisse korrekt umgesetzt wurden. Auch war er in einer eigenen Halle auf dem Studiogelände damit beschäftigt, eine zwei Meter lange Flüssigkeitsrakete zu bauen, die bei der Filmpremiere in fünfzig Kilometer Höhe aufsteigen sollte.[14] Doch das Unternehmen misslang, die Rakete wurde in dem viel zu knapp bemessenen Zeitraum nicht fertig. Die Filmpremiere, die im Oktober 1929 im *Ufa-Palast* stattfand, war dennoch ein voller Erfolg. Albert Einstein war zu Gast und die Presse war begeistert.

1917 hatte Oberth dem Kaiserreich seine Rakete als Waffe gegen Großbritannien angeboten. Damals wies man ihn allerdings ab. Schließlich, so musste er sich von einem Gutachter, der seine Arbeit wahrscheinlich gar nicht verstanden hatte, sagen lassen, lehre die Erfahrung, dass Raketen nicht weiter als sieben Kilometer fliegen könnten.[15] 1937 sah die Situation anders aus. Das Reichsluftfahrtministerium interessierte sich für Oberths Arbeit. Vor allem um zu verhindern, dass der wieder in Rumänien lebende Wissenschaftler über seine Kenntnisse der deutschen Raketenentwicklung

ziniert, hatte Oberth 1921 sein Studium der Physik an der Universität Heidelberg mit einer Doktorarbeit abschließen wollen, die nicht nur Grundlagen der Raketen- und Raumfahrttheorie beschrieb, sondern auch den weltweit ersten Konstruktionsentwurf einer Mehrstufenrakete mit flüssigen Treibstoffen enthielt. Er wurde damit jedoch abgewiesen, weil sie keiner etablierten Studienrichtung zuzuordnen war. Immerhin konnte der enttäuschte Oberth wenigstens den theoretischen Teil als Diplomarbeit einreichen. Nach bestandenem Staatsexamen wurde er Gymnasiallehrer in seiner Heimat Siebenbürgen. Auch konnte Oberth, weil seine Frau Mathilde die Druckkosten

im Ausland plaudern könnte. Von 1941 bis 1943 arbeitete Oberth unter dem Decknamen Fritz Hann an der Heeresversuchsanstalt Peenemünde, war jedoch, wenngleich er zu deren geistigen Vätern zählte, nicht direkt an der Entwicklung der V2 beteiligt, die im Zweiten Weltkrieg mehr als 8 000 Menschen töten sollte. 20 000 waren schon beim Bau der Rakete im Konzentrationslager Mittelbau-Dora umgekommen. Oberth beriet Wernher von Braun sowohl bei der Entwicklung der V2 als auch später in den USA beim Mondlandeprogramm. Er war am 16. Juli 1969 auf der Ehrentribüne in Cape Canaveral dabei, als Neil Armstrong und seine Mannschaft die Saturn-V-Rakete bestiegen. Wenige Jahre vor seinem Tode mahnte Oberth, „mit allen Mitteln" zu verhindern, dass „der Weltraum in einen neuen Austragungsort menschlicher Feindseligkeiten verwandelt werde".[16]

Rolf Hochhuth stellte „den denkbar sympathischen Wissenschaftler"[17] in den Mittelpunkt seiner Tragödie *Hitlers Dr. Faust*. Darin beschäftigt er sich mit der Frage, ob ein „so genuin Friedfertiger wie das Forscher-Genie Hermann Oberth" sich wohl dem „Teufels-Pakt" mit Hitler im Vernichtungskrieg hätte entziehen können, wenn er rechtzeitig gefragt worden wäre. „Hätte der Genius, dem bestimmt war, die Ära der Raumfahrt zu eröffnen, jemals der Versuchung widerstehen <u>können</u>, selbst mit einem Hitler zu paktieren, wenn erst dessen Drittes Reich ihm die Chance gab, sich zu verwirklichen?"[18] Die Antwort bleibt offen.

Wie die zuvor Genannten gehörten auch einstige Kustoden des Museums für Naturkunde zu den Vorreitern ihres Fachs. Sie mag die Nähe zum Zoologischen Garten bewogen haben, sich eine Wohnung in der Kantstraße zu nehmen.

Um 1895 wohnte der Ornithologe Anton Reichenow (1.8.1847 Charlottenburg – 6.7.1941 Hamburg) in der Nr. 112. Er war seit 1874 Assistent am Zoo-

Smaragdlori, aus Anton Reichenow: *Vogelbilder aus fernen Zonen. Abbildungen und Beschreibungen der Papageien*, Kassel 1878–1883

logischen Museum, einem Vorläufer und späteren Teil des Museums für Naturkunde, und ab 1888 als Nachfolger seines Schwiegervaters Jean Louis Cabanis verantwortlich für die ornithologische Abteilung. Nach wissenschaftlichen Expeditionen zur Elfenbeinküste sowie nach Gabun und Kamerun legte er 1873 zusammen mit Reinhold Buchholz eine Grundlagenarbeit über die Fauna des Kamerungebietes vor, darüber hinaus war er von 1893 bis 1921 Chefredakteur des *Journals für Ornithologie* und Herausgeber der *Ornithologischen Monatsberichte*. Seine

Hauptleistung war eine vollständige Zusammenstellung damaligen Wissens über die Gruppe der Papageienvögel.[19]

Reichenows Kollege Paul Matschie (11.8.1861 Brandenburg an der Havel – 7.3.1926 Berlin) hatte sich zunächst unter der Leitung von Cabanis ebenfalls mit Ornithologie beschäftigt, sich dann jedoch dem Studium afrikanischer Wirbeltiere zugewandt. Die von ihm von 1890 bis 1926 als Assistent, Verwalter und seit 1895 als Kustos betreute Säugetierabteilung baute er zu einer international führenden aus. Während seiner dreißigjährigen Dienstzeit wuchs die Säugetiersammlung um mehr als 44 000 Exemplare. Damit rangierte sie unter den zehn größten Säugetiersammlungen weltweit.[20] Auch der Zoologische Garten wurde von Matschie mit vielen Tieren versorgt.

Um attraktive Exponate zusammenzutragen, wurde ein Beschaffungssystem entwickelt, in dem Museumsleute, Sammler, Jäger und Naturalienhändler auf bemerkenswerte Weise zusammenarbeiteten.[21] Dies ist auch dem Angebot zu entnehmen, das der Abenteurer Hans Paschen 1910 dem Kustos unterbreitete: „Ich möchte Ihnen folgenden Vorschlag machen, ich sende Ihnen, dem Museum, alles zu, Sie stellen Gorilla und Schimpansen auf, doch würde ich gern mit dem ausgestopften Gorilla und Schimpansen die Jagdausstellung unter meinem Namen beschicken, und ich schenke die Sachen dann dem Museum. Wäre das dem Museum recht? Ich werde gerne durch die Beschickung der Jagdausstellung dort in Jägerkreisen bekannt und erbeute mir einen Schild oder Medaillen und dann stelle ich alles dem Museum zur Verfügung als Schenkung. [...] Sie werden in Zukunft kaum noch viel an Gorillas von Kamerun erhalten, da das Erlegen derselben ja verboten ist! Laut Jagdverordnung! Ich gehe hier und da über die Grenzen. Senden Sie mir doch eine Karte mit Ihren Einzeichnungen der Artgebiete, ich kann Ihnen viel Interessantes ein-

Paul Matschie

zeichnen als Wildarten, die ich teilweise nur beobachtet, aber nicht erlegt habe.“[22] Diese Art Geschäftsbeziehungen wurden unter Museumsdirektor Möbius eingeschränkt.

Matschie, der nie persönlich in den Kolonien war, leistete wesentliche Beiträge bei der Erstellung einer Systematik der Säugetiere. Er wurde deswegen von vielen Fachkollegen gewürdigt, die Säugern und Vögeln seinen Namen gaben. Der überaus produktive Kustos hat neben zahlreichen Zeitungsartikeln, die er auch für populäre Zeitschriften wie die *Gartenlaube* schrieb, 325 wissenschaftliche Beiträge verfasst.[23] Er wohnte von 1898 bis 1902 in der Kantstraße 146. Da war seine Frau, die begabte Tiermalerin Anna Held (1859–1898), gerade verstorben.

ÄRZTINNEN UND ÄRZTE

Seit 1929 war Moritz Katzenstein (14.8.1872 Rotenburg an der Fulda – 23.3.1932 Berlin) Eigentümer des nahe der Fritschestraße gelegenen Wohn- und Geschäftshauses Kantstraße 69, als Wohnsitz hatte er eine Villa in der Ahornallee in Westend gewählt. Der Universitätsprofessor und Direktor der II. Chirurgischen Abteilung am Städtischen Krankenhaus in Berlin-Friedrichshain gehörte in den 1920er-Jahren zu den Koryphäen seines Fachs. Katzenstein ist mit Innovationen auf dem Gebiet der Gelenkchirurgie in die Annalen der deutschen Medizingeschichte eingegangen. Bahnbrechend war 1900 die Operation, bei der er einem sechsjährigen Mädchen einen gerissenen Meniskus wieder annähte, statt ihn – wie damals üblich – zu entfernen. Seine Annahme, dass durch die Fixierung des lädierten Meniskus Knorpelschäden und eine spätere Arthrose vermieden würden, teilten Katzensteins Kollegen nicht. Er wurde deswegen sogar heftig attackiert. Der Chirurg ließ sich davon jedoch nicht beirren, zumal er zumindest in seiner Privatklinik seine Ideen uneingeschränkt umsetzen konnte.[1] Das Prinzip aber, dem sich Katzenstein verpflichtet sah, nämlich vom Körper zu bewahren, was irgend erhalten werden kann, hat in der Medizin heute allgemein Geltung.

Viele Jahre verband Katzenstein eine enge Freundschaft mit Albert Einstein. „In den achtzehn Jahren", so der Physiker in seinem Nachruf auf Katzenstein, „die ich in Berlin verlebte, standen mir wenige Männer freundschaftlich nahe, am nächsten Professor Katzenstein. Über zehn Jahre verbrachte ich die Erholung der Sommermonate mit ihm, meist auf seinem graziösen

Albert Einstein und Moritz Katzenstein

Segelschiff."[2] Einstein bewunderte auch das Mitgefühl und die unermüdliche Hingabe, mit der sich der Arzt seinen Patienten widmete. – Am 23. März 1932 verstorben, blieb es dem Mediziner erspart, die Vertreibung seiner Familie und die Ermordung seines Sohnes Heinz Peter in Auschwitz zu erleben.

Auch Iwan Bloch (8.4.1872 Delmenhorst – 19.11.1922 Berlin) war Vorreiter in seinem Fach, für das er den Begriff Sexualwissenschaft prägte. Seit 1888 in Charlottenburg als „Spezialarzt für Haut- und Sexualleiden" tätig, war 1907 für einige Monate die Kantstraße 6 eine seiner vielen Adressen. Bloch, der das Leben eines ganz seiner Arbeit hingegebenen Gelehrten führte, erforschte den Bereich der Sexualität und sexueller Anomalien, um einen Beitrag zur „Gesundung der Lebensverhältnisse" zu leisten.[3]

Iwan Bloch in seinem Arbeitszimmer, um 1915

Bereits im Alter von 29 Jahren erzielte er einen durchschlagenden Erfolg mit der medizinhistorischen Abhandlung *Der Ursprung der Syphilis*, die ihn weit über die Grenzen Deutschlands hinaus bekannt machte. In diesem unter seinem bürgerlichen Namen erschienenen Werk – später hat er auch unter Pseudonymen wie Eugen Dühren, Albert Hagen, Veriphantor und Gerhard von Welsenburg – publiziert, suchte er nachzuweisen, dass die gefürchtete Krankheit nicht etwa, wie man damals meinte, in der Antike ihren Ursprung habe, sondern gegen Ende des 15. Jahrhunderts von der Mannschaft des Seefahrers Christoph Kolumbus nach Europa eingeschleppt worden sei.[4] Auf die Beschäftigung mit der Syphilis folgte die Auseinandersetzung mit Formen der Sexualität, die als Anomalien galten. 1907 fasste Bloch seine Erkenntnisse in dem umfangreichen Werk *Das Sexualleben unserer Zeit in seinen Beziehungen zur modernen Kultur* zusammen. Darin legte er dar, dass sexuelle Perversionen, die

man bis dahin für erblich bedingte, krankhafte Anlagen hielt, vielmehr allgemeine, auch bei geistig und körperlich gesunden Menschen anzutreffende Erscheinungen seien. Sein Buch wurde ein Bestseller. Es erlebte allein bis 1919 zwölf Auflagen und wurde in viele Sprachen übersetzt. Blochs Annahme, dass sich aus den biologischen Phänomenen der Sexualität letztlich die geistigen und kulturellen Anlagen des Menschen erklären ließen, haben ihn zu zweifelhaften Schlussfolgerungen verleitet. „In bezug auf die künstlerische Begabung", führte er beispielsweise aus, „ist das männliche Geschlecht ohne Zweifel dem weiblichen überlegen. Der langen Reihe genialer männlicher Dichter, Musiker, Maler, Bildhauer läßt sich keine nennenswerte Zahl hervorragender weiblicher Künstlerinnen auf diesen Gebieten gegenüberstellen. Selbst die Kochkunst wurde durch Männer ausgebildet und weitergebracht. Ohne Zweifel spielt hierbei die verschiedene Sexualität eine hervorragende ursächliche Rolle. Der impetuose, aggressive Charakter des männlichen Geschlechtstriebes begünstigt auch die schöpferischen Antriebe, die Umsetzung der Sexualität in höhere plastische Tätigkeit, wie sie sich in den Momenten höchster künstlerischer Konzeption vollzieht."[5] Die kritische Sexualwissenschaft, die Sexualität als ein gesellschaftliches Phänomen begreift, hält deswegen Blochs Konzept für reduktionistisch.[6]

Dem rührigen Publizisten, der auch Mitglied vieler wissenschaftlicher Gesellschaften war, blieb die Anerkennung der Berliner Universität versagt. Nur einmal hatte man Bloch eine Professur in Aussicht gestellt, unter der Bedingung allerdings, dass er sich taufen ließe. Dazu sein Sohn Robert: „Mein Vater war nicht besonders gläubig und ging auch nicht in die Synagoge. Er ließ sich aber nicht wegen einer Professur

taufen. Aus Prinzip weigerte er sich, Konzessionen zu machen, weil ihm das billig vorgekommen ist."[7]

Ein Mitstreiter Iwan Blochs, Georg Loewenstein (18.4.1890 Breslau – 27.5.1998 Largo/Florida), wohnte von 1931 bis 1933 in der Kantstraße 104 nahe der Kaiser-Friedrich-Straße. Wichtigste Station in der Laufbahn des Pazifisten und Sozialisten war die Anstellung als Stadtarzt in Berlin-Lichtenberg. Dort leitete er in den Jahren 1925 bis 1933 mit Durchsetzungsvermögen und klarem Blick für soziale und medizinische Nöte den Aufbau des Gesundheitsamtes.[8] Eine Aufgabe, die er als besonders beglückend empfand, weil er sich für Arbeiterfamilien und sozial Schwächere engagieren konnte und dabei vom Bezirksbürgermeister sehr unterstützt wurde. Gelegentlich neigte Loewenstein allerdings zu einem ziemlich drastischen Vorgehen:

Sozialdemokratischer Ärztetag in Leipzig, 31. Mai 1931. Unter den Teilnehmern und Teilnehmerinnen: Martha Wygodzinski (1. Reihe, l.) und Georg Loewenstein (2. Reihe, 4. v. r.)

„Manche Frauen ‚lebten' von ihren nichtehelichen Schwangerschaften. Wurde es mir zu bunt, haben wir ihnen angedroht, das Erziehungsrecht zu nehmen und die Kinder in anderen Familien unterzubringen. Das half in den meisten Fällen."[9]

Trotz des Ansehens, das er sich auch als Mitarbeiter des Deutschen Hygiene-Museums und als stellvertretendes Mitglied der Ärztekammer Berlin erworben hatte, wurde Georg Loewenstein 1933 als Stadtarzt entlassen. „Am 18. April 1933 holten mich die Nazis ab, hoben mich an den Füßen hoch, und ich mußte auf den Händen durch Pferdemist und Dreck zum Wühlischplatz ‚laufen'. Dort stand eine große Schüssel, man spuckte hinein und zwang mich durch Schläge so lange zum Essen, bis ich ohnmächtig wurde. Mit bei den Flüchen auf die Juden und Sozis und bei dem Spucken beteiligt waren ehemalige Sozialdemokraten. Ich konnte es nicht fassen, daß die Arbeiter, zu denen ich früher auf riesigen sozialdemokratischen Versammlungen gesprochen hatte, auf einmal alle Nazis waren. [...] 1938 wanderte ich nach England aus. Ich kam mir vor wie ein angehaltener D-Zug unter Dampf. Ich war noch voll von Plänen, konnte aber nichts mehr entwickeln. Ich war nach dem 1. Weltkrieg Quäker geworden und Quäker waren es auch gewesen, die mich in England unterstützt haben."[10] Nach der Übersiedlung in die Vereinigten Staaten arbeitete Georg Loewenstein bis 1948 als Internist, dann bis zum Eintritt in den Ruhestand als „instructor and organizer" beim Roten Kreuz.

Wenn von Pionieren der Medizin die Rede ist, die in der Kantstraße gelebt haben, dann dürfen einige von Berlins ersten Ärztinnen nicht vergessen werden. Erst 1905 ließ die Berliner Universität die Immatrikulation von Frauen zu. Bis dahin hatten Frauen, die Ärztinnen werden wollten, nur die Möglichkeit, an eine ausländische Hochschule auszuweichen. Meist wurde ein Studium in der Schweiz gewählt. Der Sprache wegen, aber auch, weil dort von den Studien- anfängerinnen kein Maturitätszeugnis, sondern lediglich der Nachweis gewisser Vorstudien verlangt wurde.[11] Dass Frauen zum Arztberuf geeignet seien, diese Ansicht sollte sich allgemein erst während des Ersten Weltkrieges durchsetzen, als viele ihrer männlichen Kollegen zum Kriegsdienst eingezogen waren und junge Medizinerinnen die Gelegenheit nutzen konnten, in Krankenhäusern und in eigenen Praxen ihr Können unter Beweis zu stellen. Die Weimarer Reichsverfassung garantierte dann Frauen den gleichberechtigten Zugang zu wissenschaftlichen Einrichtungen und staatlichen Ämtern. Auch die Habilitation war Frauen ab 1920 möglich. Doch die Freude am unbeschränkten Zugang zu den Berufsmöglichkeiten währte nur kurz. Als nach dem Krieg die große Zahl demobilisierter Ärzte und Medizinstudenten auf den Arbeitsmarkt und an die Universitäten drängten, sah man in den Frauen eine bedrohliche Konkurrenz.[12] Da verwundert es nicht, dass die Diffamierung der berufstätigen akademischen Frauen, die mit der Machtergreifung der Nationalsozialisten einsetzte, von der neuen Ärzteführung unterstützt wurde.

Als eine der frühen Ärztinnen Berlins erlebte Martha Wygodzinski (2.7.1869 Berlin – 27.2.1943 Theresienstadt) die volle Bandbreite nationalsozialistischer Verfolgung. Sie war im großbürgerlichen Tiergartenviertel aufgewachsen und hatte 1898 ihr Studium in Zürich mit einer Promotion über ein Thema aus der Frauenheilkunde abgeschlossen. 1902 erhielt sie die Approbation in Berlin, jedoch erst, nachdem sie in Halle auch ein deutsches Staatsexamen abgelegt hatte. Wie bei vielen ihrer um berufliche Akzeptanz ringenden Kolleginnen stand für sie sofort Vernetzung auf dem Plan. Sie wurde noch im selben Jahr als erste Frau in die Berliner Medizinische Gesellschaft aufgenommen und trat einer ganzen Reihe weiterer Vereine bei.[13] Martha Wygodzinski war Kassenärztin in der Ortskrankenkasse der Gastwirte und im Kaufmännischen und gewerblichen Hilfsverein für weib-

Martha Wygodzinski (1. Reihe r.) als Berliner Stadtverordnete, 1919

liche Angestellte tätig und gründete 1911 gemeinsam mit der Ärztin Hermine Heusler-Edenhuizen eine Poliklinik für Frauen in einer Zwei-Zimmer-Wohnung im Hinterhaus der Alexanderstraße 8. Ein in wirtschaftlicher Hinsicht wohl wenig ertragreiches Unternehmen, da die Ärztinnen nicht nur die Kosten von Miete, Heizung und Licht, sondern oft auch die der Behandlung trugen. Weitere Initiativen zur Versorgung von obdachlosen Schwangeren und ledigen Mütter mit kleinen Kindern folgten. „Sie leistete Außerordentliches für die arbeitende Bevölkerung", bescheinigte ihr Georg Loewenstein.[14] – Ohne Zweifel erleichterten die Kliniken der Ärztinnen die medizinische Versorgung von Frauen speziell aus der Unterschicht. Ob aber die kleinen Einrichtungen tatsächlich gängigen medizinischen Standards entsprachen, scheint fraglich.[15] Sie waren aber für viele Ärztinnen, die im Allgemeinen keine reguläre Einstellung an Krankenhäusern fanden, letztlich die einzige Möglichkeit, auch stationär tätig zu werden.

Neben ihrer ärztlichen Tätigkeit engagierte sich die Sozialdemokratin Martha Wygodzinski im Bereich der Gesundheitspolitik und kommunalen Wohlfahrtspflege, seit 1919 auch als Stadtverordnete. Wie viele ihrer Kolleginnen beschäftigte sie sich mit dem Thema Prostitution und forderte statt einer „Sittenpolizei" ein „Pflegeamt" für Prostituierte. „Die Frauen können vor dem Verfall in die Prostitution", so die Stadtverordnete, „nur dadurch geschützt werden, dass man ihnen die Gelegenheit gibt, sich durch Arbeit in menschenwürdigen Lebensverhältnissen zu erhalten, und dass man sie menschlich mit Rat und Tat unterstützt."[16]

Zwar konnte die „Nichtarierin" Wygodzinski, weil sie ihre Approbation vor dem 1. August 1914 erworben hatte, ihre Praxis nach 1933 noch fünf Jahre weiterführen, doch sie verlor mit dem Machtantritt der Nationalsozialisten ihre Ämter in den Standesorganisationen.[17] Auch wurde sie aus ihrer Wohnung in der Konstanzer Straße vertrieben. Ihre letzte Wohnung hatte sie in der Kantstraße 47.[18] Von dort wurde sie eine Woche nach ihrem 73. Geburtstag nach Theresienstadt deportiert.

Kantstraße 47, letzter Wohnort von Martha Wygodzinski, um 1940

Käthe Schiepan (l.) mit Familie

Ein ähnliches Schicksal ereilte auch Käthe Schiepan (geborene Hirsch; 14.10.1872 Berlin – 22.7.1943 Theresienstadt), die, 1905 approbiert, ebenfalls zu den ersten Ärztinnen Berlins gehörte. 1911 heiratete Käthe Hirsch den nichtjüdischen Arzt Karl Schiepan, der sich, so seine Schwägerin Betty Scholem, nach dem Erlass der Nürnberger Gesetze „aus rassischen Gründen", aber auch, „weil er seit Jahren eine neue Liebe in seinem Herzen trage",[19] scheiden ließ und sich darüber beschwerte, dass er als „deutschblütiger" Arzt durch seine Ehe mit einer Jüdin von Diskriminierung betroffen sei: So dürfe er nicht dem Bund deutscher Ärzte Berlins angehören, weswegen er auch nicht an Fortbildungskursen teilnehmen und Sonntagsdienste leisten könne.[20] Laut Betty Scholem verlor ihre Schwester 1936 „die Ortskrankenkasse, behielt aber noch eine Anzahl sogen. Tarifklassen [...], die seitdem die Praxis wenigstens über Wasser halten"[21]. „Unvorhergesehene Logiswechsel", so Käthe Schiepan selbst, nämlich die notgedrungene Aufgabe einer schönen Wohnung am Rüdesheimer Platz, zwangen sie, 1941 Unterschlupf „bei Joshatowskys in der rue Kant" zu suchen: „[...] ging nicht anders."[22] Doch selbst in dieser Lage versuchte die Ärztin, sich nicht niederdrücken zu lassen. „Ich habe ein schönes Balkonzimmer, ersterer ist mit Blumen u. Grün in verschwenderischer Pracht zu einem kleinen Paradies geworden [...], letzteres, mit den schönsten von meinen Möbeln u. Teppichen u. einer ganz englischen Kaminecke, sieht vornehm u. apart aus, ich habe viel Besuch, immer noch ist es so, daß alle gern zu mir kommen; u. immer noch kann ich manchmal aus der tägl. Misere mich erheben, über Dinge, die nicht ganz im Alltag liegen, mich begeistern, u. mich in Kunst u. Geschichte vertiefen, als käme es nur darauf an. Über die viel häufigeren grauen u. schwarzen Stunden wollen wir lieber nicht sprechen."[23] Von der Kantstraße 33 wurde Käthe Schiepan am 3. Oktober 1942 in das Sammellager in der Artilleriestraße und von dort nach Theresienstadt verbracht.[24]

Ilse Szagunn (geborene Tesch; 16.9.1887 Berlin – 10.3.1971 Berlin) gehörte zur ersten Generation

Juden nicht mehr Kassenärzte

Wie der Verband der Aerzte Deutsch-
lands mitteilt, ist eine große Zahl jüdischer Aerzte
bei Universitäten, Kliniken, Krankenanstalten und
aus dem kommunalen Gesundheitsdienst entlassen
worden. In den Gliederungen der Berufsorgani-
sationen sind die jüdischen Aerzte aus der Führung ausgeschieden. Das Reichsarbeitsministerium
bereitet Maßnahmen vor, um die jüdischen Ver-
trauensärzte und Gutachter bei den Versicherungs-
trägern und Versicherungsanstalten auszuscheiden.
Zur kassenärztlichen Tätigkeit sollen jüdische Aerzte
nicht mehr oder nur in Ausnahmefällen zugelassen
werden. Von den gleichen Maßnahmen werden
auch marxistische und solche Aerzte betroffen,
die sich innerlich auf die Gleichschaltung nicht
umstellen wollen oder können.

Alberti wieder verhaftet

Festnahme in der Affäre Rund

Auf Grund neuerer Ermittlungen der Zoll-

Meldung über den Entzug der Kassenzulassung für jüdische
Ärzte, aus: *Der Westen*, 8. April 1933

von Ärztinnen, die ihre komplette Ausbildung in
Deutschland erhielt.[25] Ihre Promotion an der Friedrich-Wilhelms-Universität in Berlin erfolgte 1913.
Wenig später heiratete sie den Juristen Walter Szagunn und zog mit ihm in die Kantstraße 20. Dort
lebte das Paar bis 1927.[26]

Von 1918 an war Ilse Szagunn Schulärztin in Charlottenburg und zugleich Berufsschulärztin für weibliche Jugendliche. Sie war damit die erste Ärztin in
Deutschland, die ein solches Amt ausübte.[27] Mit Publikationen über soziale Ursachen und Folgen von
Krankheiten war sie eine Vorreiterin der Sozialhygi-
ene. In der Frauenbewegung dagegen gehörte sie zur
eher konservativen Richtung. Denn Ziel der von Ilse
Szagunn intendierten Gesundheitserziehung war,
die Leistungsfähigkeit junger Mädchen zu garantie-
ren und sie für ihre künftige Mütterlichkeit zu sen-
sibilisieren. Das Engagement im sozialhygienischen
und berufspolitischen Bereich setzte die Ärztin auch
in der nationalliberalen Deutschen Volkspartei fort,
unter anderem als Mitglied in der Charlottenburger

und in der Zentralen Berliner Gesundheitsdeputa-
tion. 1931 musste Ilse Szagunn zwangsweise – wegen
des im Rahmen der Brüningschen Notverordnungen
erlassenen „Doppelverdienergesetzes" – aus dem öffentlichen Dienst ausscheiden und ihre Tätigkeit als
Berufsschulärztin aufgeben. Die Arbeit mit Jugendlichen setzte sie als ärztliche Betreuerin in Lagern des
Freiwilligen Arbeitsdienstes fort. Daneben war sie
als ärztliche Eheberaterin tätig.[28] Im Sinne der Ge-
schlechterpolitik des NS-Staates suchte sie Frauen
dazu zu bringen, sich vornehmlich um ihre Familien
und die Erziehung der Kinder zu kümmern, propagierte den Austausch von Gesundheitszeugnissen
vor der Eheschließung und den verantwortlichen
Umgang mit Erbanlagen.[29] Die möglichen verbre-
cherischen Folgen eugenischer Vorstellungen, wie
sie in der Ärzteschaft verbreitet waren, hatte sie nach
eigenem Bekunden nicht absehen können.[30]

Nach dem plötzlichen Tod ihres Mannes war Ilse
Szagunn gezwungen, zur Sicherung des Lebensun-
terhalts ihre publizistische Tätigkeit in vielen Ärzte-
blättern zu intensivieren. Im Auftrag der Reichsärzte-
führung übernahm sie 1941 die Schriftleitung der
Zeitschrift *Die Ärztin* und trat damit eine Position an,
mit der sie auch nach außen hin Linientreue beweisen
musste.[31] Nach dem Krieg setzte sie die standes- und
gesundheitspolitischen Aktivitäten fort, unter anderem als eine der Wiedergründerinnen des Deutschen
Ärztinnenbundes, dessen Vorsitz sie viele Jahre innehatte. – Ilse Szagunn starb im Alter von 84 Jahren,
ausgezeichnet mit dem Bundesverdienstkreuz (1953)
und als Ehrenmitglied der Berliner Medizinischen
Gesellschaft.

Einem „deutschen Wunder", so die daran Beteiligten, war es zu verdanken, dass die jüdische Ärztin Ilse
Rennefeld (geborene Bobreker; 1.11.1895 Berlin –
1.1.1984 Kirchheim/Teck) dem Terror der National-

sozialisten entging. Sie war seit 1920 mit dem blinden Dichter Otto Rennefeld (1887–1957) verheiratet und eröffnete wenige Wochen später zusammen mit ihrer Freundin Kläre Meumann in der Kantstraße 130a eine Praxis, die besonders von Patienten aus dem gehobenen Bürgertum frequentiert wurde.[32]

Als während des Novemberpogroms 1938 die gewalttätigen Ausschreitungen bis in ihre Nähe vorgedrungen waren und ihre wirtschaftliche Lage immer bedrohlicher wurde, weil sie selbst nur noch als „Krankenbehandlerin" ohne Kassenzulassung praktizieren konnte und ihr Mann kaum Einnahmen erzielte, beschloss Ilse Rennefeld, Deutschland zu verlassen. Sie hielt sich von 1939 bis 1942 in den Niederlanden auf. Der „deutschblütige" Otto Rennefeld blieb unter Obhut von Kläre Meumann in Berlin. Nach dem deutschen Überfall auf die Niederlande war die Existenz der Ärztin dort mindestens so gefährdet wie in Deutschland. Von der Deportation nach Westerbork bedroht, kehrte sie im August unter dem Schutz eines von der Abwehrstelle Niederlande gestellten Begleiters vorläufig nach Berlin

zurück. Dies war ein Schachzug in der spektakulären Rettungsaktion, dem *Unternehmen Sieben*, das für Ilse Rennefeld und ihren Mann die Rettung, das „Wunder" bedeutete.[33] Auf die Initiative des ehemaligen Reichsgerichtsrates Hans von Dohnanyi, damals im Amt Ausland/Abwehr des Oberkommandos der Wehrmacht tätig und insgeheim an der Vorbereitung eines Militärputsches gegen Hitler beteiligt, wurde einer kleinen Gruppe unmittelbar Bedrohter die rettende Ausreise in die Schweiz ermöglicht. Dohnanyis Vorgesetzte, der entschiedene Hitler-Gegner Hans Oster sowie der regimekritische Amtchef Admiral Wilhelm Canaris, billigten diese Aktion. Mit einem Dutzend Juden gelangten Ilse und Otto Rennefeld am 30. September 1942 per Nachtzug nach Basel. Die Gefährdeten wurden dabei gegenüber der Gestapo als Agenten der Abwehr ausgegeben. – Es hat tatsächlich jüdische Konfidenten gegeben, die als Informanten des militärischen Nachrichtendienstes eingesetzt waren. – Nach dem Krieg nahm Ilse Rennefeld zusammen mit Kläre Meumann ihre ärztliche Tätigkeit in Köngen am Neckar wieder auf.[34]

JURISTEN

Wie heute war auch früher die Berufsgruppe der Rechtsanwälte und Notare in der Kantstraße stark vertreten. Dass sich darunter viele jüdische Juristen befanden, ist wenig verwunderlich. Jahrhundertelang von der Produktion materieller Güter, von Landbesitz, bis 1869 auch vom Staatsdienst ausgeschlossen, schien eine Betätigung als Jurist eine adäquate Alternative.[1] Am 1. Januar 1933 befanden sich unter den 3 400 in Berlin zugelassenen Rechtsanwälten 1 835 Juden.[2] Diese Zahl sollte sich infolge der zwei Monate später einsetzenden Ausgrenzung jüdischer Rechtsanwälte drastisch verringern. Am 31. März 1933, einen Tag vor dem reichsweiten Boykott jüdischer Geschäfte, Rechtsanwälte und Ärzte stürmten SA-Truppen in die Berliner Gerichtsgebäude und forderten lautstark die Entfernung aller als jüdisch bekannten Richter, Staatsanwälte, Rechtsanwälte und Beamten.[3] Der Erlass des Reichskommissars für die preußische Justizverwaltung Hanns Kerrl hatte den Anstoß für diese Übergriffe geliefert, der – bis auf Ausnahmefälle, über die der Gaurechtsstellenleiter der NSDAP oder der Vorsitzende der Gaugruppe des Bundes zu entscheiden hatte – jüdischen Anwälten das Betreten der Gerichte untersagte. Eine rechtliche Grundlage gab es dafür nicht.[4] Dennoch waren jüdische Juristen nun gezwungen, einen Antrag auf Neuzulassung zu stellen, der ihnen obendrein ein Bekenntnis zur Regierung und deren Regelungen abnötigte. Für die nichtjüdischen Juristen, denen angesichts der wirtschaftlich angespannten Lage nach Inflation und Weltwirtschaftskrise die Klientel auszugehen drohte, bedeutete diese Zwangsmaßnahme

– wie mit dem Erlass auch mit intendiert – eine spürbare Verbesserung der Einnahmen.[5] Im April 1933 musste der Kerrl-Erlass teilweise zurückgenommen werden, da der Ausschluss aller jüdischen Juristen zu jenem Zeitpunkt den Zusammenbruch des Rechtssystems bedeutet hätte. Mit dem „Gesetz über die Zulassung zur Rechtsanwaltschaft" vom 7. April 1933 und mit dem „Gesetz über die Wiedereinführung des Berufsbeamtentums" vom selben Tage wurde jedoch das Berufsverbot für jüdische Rechtsanwälte bestätigt. Ausnahmeregelungen galten nur für sogenannte „Frontkämpfer", für Angehörige von im Ersten Weltkrieg Gefallenen und für diejenigen, die bereits vor 1914 zugelassen waren.[6] Schließlich besiegelte die 5. Verordnung zum Reichsbürgergesetz vom 27. September 1938 das Ende der Laufbahn jüdischer Anwälte.[7] Nur noch Anwälten, deren politische Einstellung als akzeptabel galt, die Frontkämpfer waren und die ihre Vermögensverhältnisse offengelegt hatten, war die Ausübung ihres Berufs – eingeschränkt auf die Rechtsvertretung von Juden – als „Konsulent" erlaubt.[8] In Berlin verblieben gerade noch neunzig solcher Rechtsvertreter.

Ein sehr frühes Opfer der Ausgrenzung war James Paul Goldschmidt (17.12.1874 Berlin – 28.6.1940 Montevideo). Der Rechtswissenschaftler, Sohn eines jüdischen Bankiers, war nach Studium und Habilitation zunächst als Privatdozent an der Berliner Universität tätig und wohnte damals in der Kantstraße 164. 1908 wurde er zum außerordentlichen Professor am Fachbereich Rechtswissenschaft an der Berliner Universität ernannt. Er übernahm später den Lehrstuhl

Hildebrandt ist außerdem des Totschlags an dem Prokuristen Bauer sowie, zusammen mit Hoheisel, Willi Krebs und Achtenhagen des Diebstahls in

wie zusammen mit den Angeschuldigten Hoheisel, Klann und Stach Hehlerei in zahlreichen Fällen vorgeworfen.

Die Neuregelung der Anwaltsfrage

Nur noch 35 jüdische Anwälte in Berlin

In einer Pressebesprechung führte im Hause der Berliner Anwaltskammer die Kommission für den Vorstand der Anwaltskammer, Rechtsanwalt Dr. Neubert, zur Frage der Neuregelung der Berliner Anwälte aus, zu den ersten Aufgaben des neuen Vorstandes gehöre die Auswahl der Anwälte, die als deutschstämmig anerkannt werden können. Es wurde von allen antragstellenden Anwälten eine Erklärung verlangt, daß sie nicht jüdischer Herkunft seien. Lagen keine Bedenken gegen die Richtigkeit dieser Erklärung vor, so wurden die Ausweise zum Betreten der Gerichtsgebäude erteilt. Für die noch zuzulassenden jüdischen Anwälte wurde im Felde als Frontkämpfer verlangt. Derartige Anträge sind nicht mehr an die Anwaltskammer, sondern den erforderlichen Beweismaterials zu richten.

Das Verhältnis der jüdischen Bevölkerung zur Gesamtbevölkerung zugrunde gelegt und die Anzahl der jüdischen Anwälte auf 35 festgelegt. In Berlin waren bisher etwa 3400 Anwälte tätig, von denen der jüdische Anteil auf 2500 geschätzt wird. Es werden also nur etwa 900 Ausweise ausgestellt werden. Die Auswahl der 35 jüdischen Anwälte bereitet erhebliche Schwierigkeiten. Als Bedingung der Zulassung müssen diese Anträge mit den späteren zur Zulassung kommenden Dienstag an den Preußischen Justizminister selbst zu richten. Diese Anträge müssen weiter von einer Loyalitätserklärung begleitet sein, durch die der gegenwärtige Rechtszustand anerkannt wird.

Juden nicht mehr Kassenärzte

Wie der Verband der Ärzte Deutschlands mitteilt, ist eine große Zahl jüdischer Ärzte bei Universitäten, Kliniken, Krankenanstalten und

G.m.b.H. auf Veranlassung des Vernehmungsrichters des Amtsgerichts Mitte erneut verhaftet und den Untersuchungsgefängnis zugeführt, da man Verdunklungsgefahr als vorliegend erachtet.

Verpflichtung zum „Stahlhelm"

Der Stahlhelm, Bund der Frontsoldaten, wird am kommenden Sonntag, 9. April, in der Polizeiunterkunft Alexander in der Kleinen Alexanderstraße die feierliche Verpflichtung von Angehörigen der Schupo und der Feuerwehr sowie der Kriminalpolizei, die sich zum Eintritt in die Stahlhelmorganisationen gemeldet haben, vornehmen.

Die Beamten werden sich morgens 9 Uhr in der Sieges-Allee sammeln und dann durch die Charlottenburger Chaussee, Brandenburger Tor, Unter den Linden, Schloßfreiheit, Königstraße zum Alexanderplatz wo dann anschließend in Gegenwart der höchsten Vertreter der Polizei und der Feuerwehr die feierliche Aufnahme der neuen Stahlhelmmitglieder erfolgt.

Bei der Veranstaltung werden einzelnen Gruppen Fahnen verteilen werden. Anschließend an den Rückmarsch, der zum Schönhauser Straße und an der Börse vorbei erfolgt, nimmt der Landesführer des Stahlhelms am Pariser Platz den Vorbeimarsch ab. An dieser Veranstaltung beteiligen sich außer einem Musikkorps der Berliner Schupolizei mehrere Stahlhelmformationen.

Meldung über ein faktisches Berufsverbot für jüdische Anwälte durch das Gesetz über die Zulassung zur Rechtsanwaltschaft, aus: *Der Westen* vom 8. April 1933

für Strafrecht am Kriminalistischen Institut seines Fachbereichs, das er zusammen mit seinem Kollegen Eduard Kohlrausch auch leitete.[9] Auch wurde er 1917 zur Mitarbeit bei der Reform der Strafprozessordnung im Reichsjustizministerium herangezogen. Nach der „Machtergreifung" der Nationalsozialisten war Goldschmidt der erste Professor der juristischen Fakultät, der seiner jüdischen Herkunft wegen an der Fortsetzung seiner Lehrtätigkeit gehindert wurde; letztlich durch zwangsweise Emeritierung, der eine demütigende, kurzfristige Versetzung an die Universität Frankfurt am Main vorangegangen war. Goldschmidts Gehalt wurde dabei empfindlich auf 35 Prozent seiner ruhegehaltsfähigen Dienstbezüge gekürzt. Immerhin konnte er in den folgenden Jahren zahlreiche Veröffentlichungen zum Verwaltungsstraf- und Prozessrecht vorlegen, die er auch in spanischer, italienischer und französischer Sprache abfasste, und Vorträge im In- und Ausland halten. Erst Ende

1938 entschloss sich Goldschmidt, mit seiner Familie Deutschland zu verlassen und nach England zu emigrieren. Er starb im Alter von 66 Jahren auf einer Vortragsreise in Uruguay.

Der Rechtsanwalt und Notar Walter Sally Simon (17.10.1882 Berlin – 1942 verschollen Riga), an den vor seinem ehemaligen Wohnhaus ein Stolperstein erinnert, musste ebenfalls die allmähliche Verdrängung aus seinem Beruf erleben. Er hat mit seiner Familie von 1906 bis 1941 in einer Sechs-Zimmer-Wohnung im dritten Stock der Nr. 130 gelebt, die Kanzlei befand sich zwei Etagen tiefer.[10] Im Haus wohnten auch Simons Bruder Erich sowie dessen Frau und Schwiegermutter. Die Brüder hatten es zusammen mit der benachbarten Nr. 130a von ihrer Mutter geerbt.

Im Leben der Simons spielte der nahe gelegene Zoologische Garten eine große Rolle, nicht nur deswegen, weil sie auch Zooaktien geerbt hatten. Vielmehr war der Tierpark für die ganze Familie ein beliebter Treffpunkt. Darüber hinaus vertrat Walter Simon den Zoo als Anwalt, war Mitglied des Aufsichtsrats und engagierte sich im Geselligen Verein der Zooaktionäre.[11] Simon war ein leidenschaftlicher Autofahrer, hatte aber auch einen Chauffeur und stellte seinen Wagen standesgemäß in den ultramodernen Kant-Garagen unter.

Als engagiertes Mitglied der liberalen Reformgemeinde in der Johannisstraße in Berlin-Mitte, an deren Gründung seine Großväter mitgewirkt hatten,[12] wandte sich Simon am 15. Oktober 1933 in einem aufsehenerregenden Artikel gegen die Bildung einer Reichsvertretung der deutschen Juden, über die im folgenden Kapitel ausführlicher berichtet wird. „Eine Organisation", so Simon, der mit seiner Stellungnahme vielen aus dem Herzen gesprochen haben dürfte, „die im Namen der Juden aufzutreten berechtigt wäre, […] kann und darf niemals eine Reichsver-

Walter Sally Simon (2. v. l., stehend) in der Sammelstelle V des Kaiser Franz-Garde-Grenadier-Regiments, Berlin, ca. 1915

Stolperstein für Walter Sally Simon vor der Kantstraße 130

tretung der deutschen Juden sein, sondern nur eine solche der jüdischen Deutschen [...]. Wir sind und bleiben, mag auch geschehen was da will, unseren Gefühlen, unserer Herkunft und unserer Erziehung nach Deutsche und nichts als Deutsche, so sehr wir auch unserer jüdischen Religion anhängen."[13] Aber auch wenn er sich dagegen aufzulehnen suchte: Das Jahr 1933 bewirkte tiefe Zäsuren im Leben der Familie. Hatte Walter Simon zum fünfzigsten Geburtstag noch einen großen Blumenstrauß vom Zoologischen Garten erhalten, hat man ihn, wie sich sein Sohn erinnerte, „wenige Monate später nicht mehr gekannt".[14] Darüber tief gekränkt, betrat Walter Simon den Tierpark nicht mehr. Er wurde überdies aus dem Aufsichtsrat gedrängt und 1938 dazu veranlasst, seine Aktie weit unter Wert – wohl an den Zoo selbst – zu veräußern.

Konnte sich Simon noch bis mindestens 1936 als Anwalt betätigen[15] – das Notariat war ihm vorher entzogen worden –, musste er sich von 1941 an als „Hilfsreferendar" des Palestine & Orient Lloyd mit einem Gehalt von 234 Reichsmark monatlich durchschlagen.[16] Schon lange war die finanzielle Situation der Familie mehr als angespannt. Walter Simon hatte, um sich über Wasser zu halten, seine Lebensversicherung beliehen, eine Hypothek auf das Haus aufgenommen und für ein kleineres Auto gesorgt. Auch vermietete das Ehepaar Simon zwei Zimmer an den Zahnarzt Dr. Benjamin Vogelsdorff, der untergetaucht überleben und nach Palästina auswandern sollte.[17] Die Emigration kam für Walter Simon selbst lange Zeit nicht in Frage, weil er die betagte Schwiegermutter und die kranke Schwägerin nicht im Stich lassen und in typisch preußischem Pflichtbewusstsein seine Fälle auch geordnet einem anderen Anwalt übergeben wollte. Zwar erhielten er und seine Frau Anfang 1939 noch ein Visum, aber wegen ihrer finanziellen Probleme wurde ihnen vor Kriegsbeginn kein Pass mehr ausgestellt.[18] Sie wurden in das Sammellager Levetzowstraße gebracht und am 19. Januar

Im Eckhaus Kantstraße 30 wohnten unter anderem Max Lichtwitz und Else Ury

1942 nach Riga deportiert. Wie das Paar dort ums Leben kam, ist nicht bekannt.

Auch die Brüder Walter Hammerschmidt (14.5.1900 Cottbus – 21.1.1939 Berlin) und Fritz Hammerschmidt (21.11.1894 Cottbus – ? Auschwitz), die ab 1928 eine gemeinsame Kanzlei in der Nr. 19 führten, entgingen der Vernichtung nicht. Im Frühjahr 1933 wurde Walter Hammerschmidt mit Berufsverbot belegt, im November 1938 verhaftet und in das KZ Sachsenhausen eingeliefert.[19] Mit Bestechung, so schildert es sein Neffe, gelang es seiner Frau Thea, ihn zur sofortigen Auswanderung freizukaufen.[20] Walter Hammerschmidt kehrte jedoch als schwerkranker Mann nach Berlin zurück und starb wenig später an den Folgen einer rätselhaften Sepsis. Als der renommierte Chirurg Ferdinand Sauerbruch die Leiche obduzieren wollte, wurde sie von der Gestapo beschlagnahmt. Die Urne mit den sterblichen Überresten Hammerschmidts wurde in die Heimatstadt Cottbus überführt und dort im Familiengrab beigesetzt. Witwe Thea sowie ihr zweiter Ehemann wurden in

Theresienstadt ermordet. Auch Fritz Hammerschmidt war ein Überleben wohl nicht vergönnt. Er wurde, nachdem man ihm im Frühjahr 1933 die Zulassung als Anwalt am Kammergericht genommen, ihn ab Oktober 1933 aber wieder zugelassen hatte, zu Zwangsarbeit verpflichtet und gilt als in Auschwitz verschollen. Seine Ehefrau Erna, die ebenfalls dorthin deportiert worden war, überlebte und wurde von Sowjetsoldaten aus dem KZ Ravensbrück befreit.[21]

Besonders anrührend ist das Schicksal von Max Lichtwitz (7.5.1902 Berlin –16.12.1942 Auschwitz), der mit seiner Familie in der Nr. 30, im Haus seiner Mutter wohnte. Zu seinen Nachbarn zählte die Autorin Else Ury. Bis 1938 betätigte sich Lichtwitz als „Konsulent", zuletzt als Angestellter der Jüdischen Kultusvereinigung.[22] Nachdem sich seine Frau, um der Entrechtung zu entgehen, das Leben genommen hatte, schickte Lichtwitz 1939 den sechsjährigen Sohn Heinz mit einem Kindertransport nach England, um wenigstens ihn zu retten. Der Junge fand im walisischen Swansea liebevolle Aufnahme bei dem jüdischen

Henry und Judy Foner

Ehepaar Foner.[23] Auf das Leben mit den Pflegeeltern hatte Lichtwitz seinen Sohn sorgfältig vorbereitet. „Jeden Abend", so erinnert sich dieser, „trug er mir vor dem Schlafengehen auf, für die Foners zu beten." Während Max Lichtwitz in Berlin ausharrte, sandte er seinem Sohn viele Postkarten mit fröhlichen Motiven darauf, Bildern von musizierenden Fröschen, niedlichen Teddybären oder süßen Hunden. Sie werden heute in Yad Vashem, Israels nationaler Holocaust-Gedenkstätte, aufbewahrt. Am Abend des 12. Juni 1939, dem Geburtstag des Sohnes, konnte Max Lichtwitz noch ein letztes Mal mit seinem Sohn, aus dem Henry Foner geworden war, telefonieren. Die letzte Postkarte aus Berlin, die Henry direkt erreichte, war auf den 31. August 1939 datiert. „Ich hoffe, es kommt kein Krieg. Falls er doch kommt, möge Gott Dich sowie Onkel und Tante segnen", stand darauf. Am nächsten Morgen marschierten deutsche Truppen in Polen ein, ein Jahr später griff die deutsche Luftwaffe Südengland an. Auch Swansea wurde heftig bombardiert. Im August 1942 erreichten Henry Foner über

das Rote Kreuz noch einmal ein paar Zeilen von seinem Vater. „Unser Schicksal ist sehr ungewiss. Schreib öfter! Viele Küsse, Vati." Ein paar Monate später, am 9. Dezember 1942 wurde Max Lichtwitz mit zwanzig anderen Funktionären der jüdischen Gemeinde in Geiselhaft genommen und zusammen mit seiner zweiten Frau und deren Tochter nach Auschwitz deportiert. Dort wurden sie fünf Tage später ermordet. Diese schreckliche Nachricht erreichte seinen Sohn, der nach Kriegsende sehnlich auf ein Lebenszeichen seines Vaters wartete, erst 1951, als ihm seine Großmutter, die das KZ Theresienstadt überlebt hatte, davon erzählte. 1961, da war Henry Foner inzwischen 29 Jahre alt, traf völlig überraschend noch eine Art Abschiedsbrief von seinem Vater ein, den dieser 1941 verfasst und einem Cousin in Kalifornien geschickt hatte. Er möge seinem Sohn später einmal sagen, „dass ich ihn nur aus tiefer Liebe und Sorge um seine Zukunft fortgegeben habe, dass ich ihn aber auf der anderen Seite Tag für Tag auf das Schmerzlichste vermisst habe und dass mein Leben seinen Sinn verloren hat, wenn es nicht doch noch einmal eine Möglichkeit geben sollte, ihn wiederzusehen". Dieser Brief ging Henry Foner so nahe, dass er ihn zwanzig Jahre nicht mehr anrühren konnte.

Nicht alle jüdischen Rechtsanwälte und Notare waren ausschließlich Opfer. Manche ließen sich unter dem Druck der Umstände auch in die nationalsozialistischen Machenschaften verwickeln. Dies scheint für Kurt Jacobsohn (2.9.1897 Deutsch-Eylau – nach 1944 Auschwitz) zu gelten, der wie Walter Simon in der Kantstraße 130 gelebt und ab 1938 als „Konsulent", dann als Ordner im Sammellager Große Hamburger Straße 26 gearbeitet hat.[24] Nach den im Center for Jewish History im Leo Baeck Institute in New York bewahrten Aufzeichnungen von Bruno Blau (1881–1954) soll Jacobsohn zu den „Spitzeln" gehört haben, „die ihr schmutziges Handwerk betrieben, indem sie auf alle mögliche Weise Juden, die sich mit Erfolg vor der Gestapo verborgen hielten, aufspuerten und der Gestapo auslieferten. Zum Teil haben sie es, wenn sie besonders tuechtig waren, tatsaechlich erreicht, dass sie der Deportation entgingen und die Gestapo ueberlebten. Die meisten von ihnen aber, so der Rechtsanwalt Kurt Jacobsohn und der Arzt Dr. Jacob, die als Spitzel fungierten, wurden nach einiger Zeit selbst deportiert, da die Gestapo alle Personen, die ihr als Zeugen irgendwie unbequem werden konnten, beseitigte."[25] Tatsächlich wurde Kurt Jacobsohn am 23. Februar 1944 nach Theresienstadt deportiert. Er ist in Auschwitz verschollen.[26]

Was Hans Brée (30.4.1890 – ?) betrifft, der von 1933 bis 1935 in der Nr. 35 wohnte, so wird vermutet, dass er sich an Juden bereichert haben könnte, die Deutschland verlassen mussten. Denn er verfügte 1945, als er wieder als Rechtsanwalt und Notar zugelassen wurde, über ein immenses Vermögen, das weitgehend aus Immobilienbesitz bestand.[27] Allerdings hatte er selbst die fortgesetzte Verfolgung durch die Gestapo, die Zollfahndungs- und die Vermögensverwertungsstelle sowie die der Organisation Todt erleben müssen. – Anzuklagen, das haben selbst Überlebende des Holocaust konstatiert, sind nicht in erster Linie die unfreiwillig zu Mittätern Gewordenen, sondern die politischen Umstände, die sie in diese Rolle brachten.

Einer der jüdischen Rechtsanwälte aus der Kantstraße, Dr. Benno Cohn (später Cohen; 30.9.1894 Lobsens – 24.11.1975 Tel Aviv), der laut *Berliner Adressbuch* um 1930 in der Nr. 118 wohnte, hat als Zeuge gegen den SS-Obersturmbannführer Adolf Eichmann ausgesagt, als dieser 1961 vor dem Jerusalemer Bezirksgericht für den millionenfachen Mord an Juden zur Verantwortung gezogen und zum Tode verurteilt wurde.[28]

Cohn, ein Anhänger der zionistischen Bewegung, hatte schon 1933 nach Palästina auswandern wollen. „But when I saw the situation that was developing, the lack of manpower, the state of despair most Jews in Germany were in, this new situation, I decided to stay on there and to devote my work and my efforts to Jewish, to Zionist activity."[29] Dementsprechend betätigte er sich als Vorsitzender der Berliner Zionistischen Vereinigung, von 1937 bis 1939 auch als Präsident der Zionistischen Vereinigung für Deutschland. Er war darüber hinaus der letzte Vorsitzende des in der Charlottenburger Meinekestraße ansässigen Palästina-Amtes, dessen Aufgabe es war, Juden bei der Auswanderung zu unterstützen, und fungierte auch als stellvertretender Vorsitzender des Kulturbundes der Juden in Deutschland. 1938 reiste Cohn endlich selbst nach Palästina aus. Dort gehörte er zu den Mitbegründern der Liberalen Partei Israels und vertrat diese auch in der Knesset.

Im Eichmann-Prozess beschrieb er als Zeuge ausführlich die Stadien der Entrechtung der Juden, aber auch kleine Akte des Widerstands gegen die um sich greifende Diskriminierung. So habe er, als er am 1. April 1933 sein Namensschild „Benno Cohn, Rechtsanwalt an den drei Landgerichten" mit der Aufschrift „Jude" in roter Farbe beschmiert vorfand, es noch riskiert, „Gott sei Dank" hinzuzufügen.

RABBINER, SYNAGOGEN UND JÜDISCHE INSTITUTIONEN

Wie schon in den vorangehenden Kapiteln deutlich wurde, gab es bis zum Holocaust ein reiches jüdisches Leben in der Kantstraße. Schließlich gehörte Charlottenburg zu den Bezirken mit dem höchsten Anteil an deutsch-jüdischen Einwohnern. 1925 waren es 30 553, das entsprach 17,69 Prozent der Bevölkerung.[1] Dass vom Ende des 19. Jahrhunderts an verstärkt Juden aus dem gesamten Deutschen Reich nach Berlin kamen, lag einerseits daran, dass man glaubte, in einer Weltstadt dem schon damals verbreiteten Antisemitismus weniger ausgesetzt zu sein. Außerdem bot die aufstrebende Hauptstadt mehr Beschäftigungsmöglichkeiten als ländliche Regionen. Für Juden aus bürgerlichen Schichten war der Neue Westen mit seinen Wissenschafts- und Kultureinrichtungen, seiner Geschäftswelt und reizvollen Wohnlagen besonders attraktiv. Aber auch Juden, die den drückenden Bedingungen des Zarenreichs und seiner Pogrome entgehen wollten und ihrer Herkunft nach dem traditionellen Judentum verhaftet waren, zog es nach Charlottenburg. Zum Verdruss ihrer „emanzipierten" Glaubensgefährten, die ein wenig die Nase über deren vermeintliche Rückständigkeit rümpften.[2]

Die meisten in der Kantstraße ansässigen Juden lebten „assimiliert", in ihren Verhaltensnormen und Lebensweisen der nichtjüdischen Umgebung angepasst. Weniger religiöse Bindung bestimmte deren Leben, sondern staatsbürgerliche Identifikation. Viele haben ihre Situation ähnlich wie Ernest K. Heyman erlebt. Dem Neffen der Autorin Else Ury erschien das Familienleben in der Kantstraße so „gewöhnlich",

dass, wie er später hervorhob, „ich nicht mehr wusste, dass ich Jude bin"[3].

Anders der strenggläubige Nissim Behar (23.5.1886 Istanbul – 14.12.1942 Auschwitz), ein Jude türkischer Staatsangehörigkeit, der mit seiner Familie in der Nr. 154a wohnte und dort auch einen Laden hatte. Wie bei sephardischen Juden verbreitet, war es vor allem seine Frau, die auf die Wahrung religiöser Bräuche achtete. „Am Schabbat", so Sohn Isaak, „kamen bei uns oft Avas con Aros, ein typisches Armeleuteessen, auf den Tisch: weiße Bohnen mit Fleisch in Tomatensoße, dazu Reis. Unsere kleine Tafel war festlich mit weißem Tuch gedeckt. Meine Mutter zündete zwei Kerzen an, hielt die Hände darüber und sprach mit ihrer sanften Stimme den Segensspruch. Dann war es an meinem Vater, die Bracha, den Segen, über Wein und Brot zu sagen."[4]

Auch der Bankier Max Steinthal (24.12.1850 Berlin – 8.12.1940 Berlin) entschied sich trotz einer überwiegend assimilierten Lebensführung für ein Festhalten am mosaischen Glauben. Dessen repräsentative Villa befand sich in der Uhlandstraße, das große Grundstück erstreckte sich aber bis in die Kantstraße 15. Obwohl er seine sieben Kinder evangelisch taufen ließ, legten er und seine Frau Fanny die jüdischen Traditionen nie ab. Deswegen pflegte Max Steinthal einmal im Jahr, wohl am Versöhnungstag, festlich gekleidet in Frack und mit Zylinder, die nahe gelegene Synagoge in der Fasanenstraße aufzusuchen.[5]

In der Kantstraße gab es eine Reihe von Einrichtungen, die auf die Bedürfnisse ihrer strenggläubigen jüdischen Bewohner ausgerichtet waren.

Mit dem Restaurant *Anna Zoller*, das sich um 1931 in der Nr. 128 befand, und dem Rituellen Speisehaus Vienna in der Nr. 132 verfügte die Straße über Gaststätten, die unter Aufsicht der Kaschruth-Kommission standen.[6] Deren Rabbiner sorgten dafür, dass in diesen Restaurants eine Person ausschließlich die Einhaltung aller Bestimmungen für die koschere Küche zu überwachen hatte. Die Preise waren dementsprechend hoch.[7]

Für den Besuch des Gottesdienstes standen den jüdischen Bewohnern zwei private Synagogen zur Verfügung, sofern sie es nicht wie ihre Glaubensgenossen aus der gehobenen Mittel- und Oberschicht vorzogen, die Synagoge in der Fasanenstraße aufzusuchen. Bei Ostjuden war die Synagoge in der Pestalozzistraße beliebt. Die von Vereinen gegründeten Synagogen der Kantstraße ermöglichten nicht nur die Teilhabe am Gottesdienst im eigenen Kiez. Sie förderten auch den Zusammenhalt der jüdischen Bewohner und unterstützten die religiöse Erziehung ihrer Kinder.

Eine der Privatsynagogen war 1908 im zweiten Hof in der Kantstraße 125, nahe der Leibnizstraße errichtet worden. Sie verdankte sich der Initiative orthodoxer Juden, die vornehmlich aus Polen und Litauen stammten und zur Mittelschicht gehörten. Diese ließen eine zweistöckige Glaserwerkstatt zum Bethaus Beth Jitzchok („Haus Israel“) umbauen.[8] Die bescheidene, im Stil eines polnischen Stibl („Stübchen“) gehaltene Synagoge bot im Erdgeschoss 160 Männern, auf der Empore 120 Frauen Platz, die durch Gitterstäbe linsen mussten, um dem Geschehen unten folgen zu können. Nach einem Umbau verfügte der Bet- und Versammlungsraum an der Ostseite, auf Jerusalem ausgerichtet, auch über einen nischenartigen Vorbau, in dem das Rednerpult und der Thora-Schrank aufgestellt waren. Er wurde 1940 abgerissen.

Gemäß dem *Berliner Adressbuch* wurde die Synagoge vom Humanitätsverein unterhalten, ab 1920 wird der Verein Thorat Chessed („Gnadenvolle Unterwei-

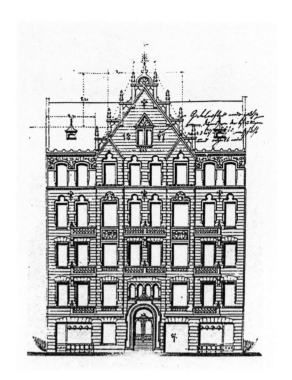

Fassadenaufriss des Hauses Kantstraße 125

sung“) genannt, der in der Leibnizstraße 22 ansässig war.

Zu den regelmäßigen Besuchern der kleinen Synagoge gehörte Charlotte Klein, deren Vater eine Zeitlang Erster Vorsitzender im Vorstand von Thorat Chessed war.[9] „Die Synagoge in der Kantstraße“, so erläuterte sie in einem Interview, „war eigentlich <u>die</u> Synagoge. Für uns gab es keine andere. Die Fasanenstraße [...] wäre für meinen Vater beinahe wie eine Kirche gewesen.“[10] Erstaunlich, dass Charlotte Klein nach eigenem Bekunden nie erlebte, „daß irgendjemand in diesem großen Haus jemals uns etwas Böses gesagt oder etwas gegen die Synagoge getan hätte“.[11] Immerhin befand sich seit 1926 der Verband gegen die Überhebung des Judentums im gleichen Haus, der die antisemitische Zeitschrift *Auf Vorposten* herausgab.

Dass die Synagoge beim Novemberpogrom 1938 nicht das gleiche Schicksal ereilte wie die in der Fasanen- und der Pestalozzistraße, die von Nationalsozialisten in Brand gesetzt wurden, ist einem kuriosen Umstand zu verdanken. In unmittelbarer Nachbarschaft des jüdischen Betraums wohnte ein Mitglied der NSDAP. Dieser Parteigenosse verhinderte in letzter Minute eine Brandstiftung, weil ihm dämmerte, dass ein Übergreifen der Flammen auf das eigene Haus kaum zu verhindern gewesen wäre.[12] Die immer unerträglichere Situation zwang den Synagogenverein jedoch, im Januar 1939 den Bet- und Versammlungsraum aufzugeben. Da war die Mehrheit der Mitglieder ohnehin längst ausgewandert oder inhaftiert. In den letzten Kriegstagen verschanzte sich die SS in der ehemaligen Synagoge und lieferte sich mit Teilen der Roten Armee, die von der angrenzenden S-Bahn her vorrückten, heftige Feuergefechte.

Tröstlich, dass die Kantstraße 125 damals auch andere, positive Ereignisse erlebt hat, nämlich den Widerstand der Familie Germer gegen das NS-Regime und wenig später einen Neustart der SPD, worüber im folgenden Kapitel berichtet wird.

Offensichtlich gab es nach dem Ersten Weltkrieg eine weitere private Synagoge in der Kantstraße, nach Ester Sarah Evans und der Website *Destroyed German Synagogues and Communities* in der zum Komplex des *Theaters des Westens* gehörenden Nr. 8.[13] Während Max M. Sinasohn in seiner Übersicht über die Berliner Privatsynagogen die Existenz einer zweiten, von einem Verein geführten Synagoge in der Straße bestätigt,[14] war ein Beleg für deren Sitz nicht auffindbar. Jedenfalls, soviel scheint sicher, wurde diese Synagoge als misnagdischer Minjan geführt, geleitet also von Gegnern des osteuropäischen Chassidismus. Sie soll von einem wohlhabenden jüdischen Sponsor eingerichtet und finanziert worden sein. Auch der Synagogenverein Thorat Chessed scheint sich am Unterhalt beteiligt zu haben.[15] In dieser Synagoge lehrte zur Zeit des Ersten Weltkrieges oder um 1924 – auch hier ist eine genaue Festlegung nicht möglich – einige Jahre der Rabbiner Jechiel Jaakov Weinberg (1.12.1884 Pilwishki – 24.1.1966 Lausanne oder Montreux), Dozent und Rektor am orthodoxen Rabbinerseminar zu Berlin.[16] Mit seinen Veröffentlichungen übte der Talmudexperte, der zwischen dem ost- und dem westeuropäischen Judentum zu vermitteln vermochte, großen Einfluss aus. Seine Vorträge waren sehr be-

Rabbiner Jechiel Jaakov Weinberg

liebt, wie sich einer seiner Schüler, Jacob Levy, erinnerte: „In der Synagoge in der Kantstraße in Berlin versammelten sich zu seinen Schiurim (Lehrvorträgen) Menschen aller Gesellschaftsschichten, und tagsüber sehr beschäftigte Ärzte und Rechtsanwälte ließen es sich nicht nehmen, abends aufmerksam seinen Vorträgen zu lauschen. Er verstand es, ein schweres Rechts- oder Glaubensproblem, wie es sich an einer Talmudstelle herausschälte, in seiner ganzen Tiefe zu erklären und mit einem genialen, oft sehr originellen Gedanken zu erhellen."[17] Die Einrichtung dieser Synagoge soll in der Pogromnacht verwüstet worden sein. Jechiel Weinberg flüchtete über verschiedene Zwischenaufenthalte und nach einer kurzen Haft im Lager Wülzburg, gesundheitlich und psychisch schwer angeschlagen, in die Schweiz. Nach seinem Tode wurde sein Leichnam nach Israel überführt und in Anwesenheit von Staatspräsident Salman Schasar beigesetzt.

Seit Ende der 1920er-Jahre waren schließlich einige der wichtigsten jüdischen Organisationen Berlins in der Kantstraße, in der Nr. 158 angesiedelt, einem großen Wohn- und Geschäftshaus, das sich auf einem Grundstück befand, das heute zwischen dem Karstadt-Sportkaufhaus und der S-Bahn-Strecke gelegen ist. Seit 1928 war dort der Preußische Landesverband jüdischer Gemeinden (PLV) ansässig. Diese Organisation war ein erster Schritt auf dem Weg zur Gründung eines jüdischen Interessenverbandes, mit dem man der immer deutlicher spürbaren Diskriminierung und Isolation zu begegnen und dem preußischen Staat ein repräsentatives Organ als Verhandlungspartner gegenüberzustellen suchte.[18] Darüber hinaus sah es der Verband als seine Aufgabe an, jüdische Gemeinden in Verwaltungsangelegenheiten zu beraten, zur Förderung des religiösen Lebens beizutragen und Gemeinden, die infolge der Inflation wirtschaftlich gefährdet waren, zu helfen.[19]

Nach und nach – insbesondere in der NS-Zeit – zogen auch andere, teilweise überregional tätige jü-

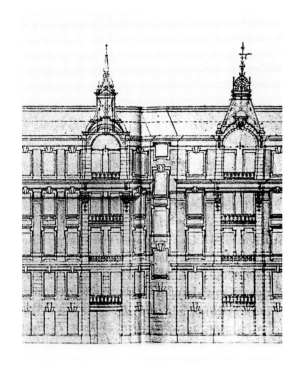

Aufriss der Gartenfassade des Hauses Kantstraße 158

dische Einrichtungen in das Haus. Darunter die Zentralstelle für jüdische Wirtschaftshilfe, mit der man die Auswirkungen der von den Nationalsozialisten verhängten Berufsverbote zu mildern suchte, die Vereinigte Zentrale für jüdische Arbeitsnachweise, die Zentralwohlfahrt der deutschen Juden, die Kinder- und Jugend-Alijah, die Kinder und Jugendliche auf die Auswanderung vorbereitete und für die Integration in Palästina sorgte, und der Jüdische Frauenbund, der von 1933 an unter der Führung der Erzieherin und Sozialarbeiterin Hannah Karminski (1897–1943) feministische Zielsetzungen hintanstellte, um Frauen Überlebenshilfe speziell mit dem Unterricht in Hauswirtschaft zu bieten.

Die Aufgabe, vor der sich die im März 1933 gegründete Wirtschaftshilfe gestellt sah, war immens, wie dem Tätigkeitsbericht des Jahres 1935 zu entneh-

Abschiedsfeier der Jugend-Alijah in Berlin, 27. Februar 1938

men ist. „Die Verzweiflung und Ratlosigkeit weitester jüdischer Kreise hatte einen derartigen Umfang angenommen, daß die neugeschaffene Stelle in den ersten Tagen und Wochen von mehreren hundert, ja oft von bis 1 000 Personen täglich aufgesucht wurde. Die Stelle war bemüht, zunächst Ordnung in das Chaos aufgeschreckter, ratloser Menschen zu bringen. Es ging darum, erste Notstände zu lindern, die Verlustliste der Geschädigten aufzustellen, die Masse der Menschen nach Beruf und Art ihres Notstandes auseinanderzugliedern, um eine ungefähre Übersicht über den Umfang der Notstände zu gewinnen und die Voraussetzungen für den Aufbau einer systematischen Hilfstätigkeit zu schaffen.“[20]

Die Kinder- und Jugend-Alijah rettete Tausenden junger Menschen das Leben. Diese Organisation war von Recha Freier (geborene Schweitzer; 1892–1984) gegründet worden, einer Lehrerin und Dichterin, die mit Moritz Freier, dem Oberrabbiner der drei großen orthodoxen Synagogen in Berlin, verheiratet war. Sie

Recha Freier, um 1960

hatte bereits 1932 eine erste Gruppe von Jugendlichen zur Schulausbildung nach Palästina überführt, weil sie wie ihre Schützlinge davon überzeugt war, dass es in Deutschland für junge Juden keine Chance mehr gab. Bis Ende März 1939 konnte die Kinder- und Jugend-Alijah 4 635 Jungen und Mädchen retten. Selbst am Tage des Kriegsausbruchs wurden noch 600 Zertifikate für die Ausreise nach Großbritannien fertiggestellt. 10 000 angemeldete Jungen und Mädchen allerdings konnten, weil dafür nun die Zeit fehlte, nicht mehr berücksichtigt werden.[21] Recha Freier selbst, die beschlossen hatte, in Berlin zu bleiben, solange es noch Chancen gab, Juden zu retten, konnte 1940 nach Palästina fliehen.

Was dem Preußischen Landesverband jüdischer Gemeinden noch nicht gelungen war, nämlich eine Reichsorganisation zu schaffen, das sollte die am 17. September 1933 gegründete Reichsvertretung der deutschen Juden (RV) nachholen, die sich ebenfalls in der Kantstraße 158 einrichtete. In der RV waren erstmals alle wichtigen jüdischen Gruppierungen – vom liberalen Central-Verein deutscher Staatsbürger jüdischen Glaubens bis zu den Zionisten und den Kreisen der jüdischen Orthodoxie – und alle Jüdischen Gemeinden unter einem Dach versammelt. Ziel des Verbandes war nun, wo gemeinsames Handeln wichtiger war denn je, der Entrechtungspolitik der Nationalsozialisten durch ein gemeinsames und koordiniertes Handeln so gut wie möglich zu begegnen und entgegenzuwirken.[22] Dabei verlief die Zusammenarbeit mit dem PLV, der sich verstärkt um kulturelle Belange kümmerte, ja selbst mit den Zionisten, deren Berliner Sektion seit 1935 in der Kantstraße 51 ansässig war, zumeist ohne größere Reibungen.[23]

Den Vorsitz der Reichsvertretung übernahm der Berliner Rabbiner und Dozent Leo Baeck (1873–1956), die unbestrittene Führungsfigur der deutschen Juden, als geschäftsführender Vorsitzender fun-

gierte Otto Hirsch (1885–1941), Ministerialrat a. D. aus Stuttgart. Auch wenn das nationalsozialistische Regime die RV nie als Verhandlungspartner akzeptierte, wirkte sie dennoch als ein wichtiges Sprachrohr des Versuchs jüdischer Selbstbehauptung. Eine der ersten Aktionen war der Protest, mit dem Leo Baeck im Namen der RV beim Reichskanzler und in der Presse auf den Boykott jüdischer Geschäfte reagierte. Er verhallte jedoch ebenso ungehört wie viele andere Stellungnahmen. Darüber hinaus wurde die Arbeit der RV erschwert, als dem Verband im Herbst 1934 die Gemeinnützigkeit und damit die Steuerbefreiung abgesprochen wurde und so die finanzielle Basis gefährdet war.

Auch im Reichsverband der Juden in Deutschland, wie sich die Vereinigung, die nunmehr als Dachorganisation aller jüdischen Gemeinden fungierte, vom 27. Juli 1938 an nach einem weiteren, von den nationalsozialistischen Machthabern erzwungenen Namenswechsel nannte, gab es noch Versuche eines öffentlichen Protests. „In einer Lage", so eine wenige Monate vor der Pogromnacht 1938 veröffentlichte Stellungnahme, „die seit Jahren auch in der an Prüfungen reichen Geschichte unseres Volkes kaum ihresgleichen hat, haben wir uns, nicht ohne Erfolg, darum bemüht, das drohende Gespenst des Chaos zu bannen. Allem, was auf uns eindrang, haben wir unser Gottvertrauen und unsere Selbstachtung entgegengesetzt. Die Aushöhlung unserer Existenz haben wir mit der planmäßigen Erziehung und Schulung, mit der Vorbereitung zur Wanderung nach einer Stätte aufbauender Arbeit beantwortet. Wir haben eine innere Ordnung aufgerichtet und neue Formen der seelischen und materiellen Selbsthilfe erschlossen."[24] Aber Morde und Verhaftungen wurden in den Berichten des Reichsverbandes mit keinem Wort mehr erwähnt. Auf dem Gipfel des Pogroms, am 10. November begaben sich Leo Baeck und Otto Hirsch

Leo Baeck spricht bei einer Sitzung des Präsidialausschusses der Reichsvertretung der Juden, Berlin, 1934 (rechts neben Baeck: Otto Hirsch)

frühmorgens in die Reichskanzlei, um ein Ende der Verfolgungsmaßnahmen zu erreichen, sie wurden jedoch nicht vorgelassen. Stattdessen durchsuchte die Gestapo die Büroräume in der Kantstraße und nahm erste Verhaftungen vor.[25]

In den Jahren 1939 bis 1941 versuchten die Funktionäre des Reichsverbandes bzw. seines Nachfolgers, der Reichsvereinigung der Juden in Deutschland, möglichst vielen Juden bei der Flucht aus Deutschland behilflich zu sein und die Mitglieder zu unterstützen, die durch den erzwungenen Verlust ihrer Arbeit verarmt waren. Dafür wurde großenteils das Vermögen herangezogen, das durch die Vermögensabgabe zusammengebracht wurde, die vor jeder Emigration fällig war. Der Verband sorgte darüber hinaus für religiöse Betreuung, für Kleiderkammern und Wohnungsnachweise. Auch das jüdische Schulwe-

sen, samt Berufsausbildung und Umschulungswesen, wurde vom 1. August 1939 an durch den Reichsverband organisiert und finanziert.

Das letzte Stadium des Zentralisierungsprozesses wurde Anfang Februar 1939 erreicht, als alle nach den Nürnberger Gesetzen als Juden Geltende zwangsweise in die nun Reichsvereinigung der Juden in Deutschland umbenannte RV eingegliedert wurden. Als diese Organisation mit der 10. Verordnung zum Reichsbürgergesetz am 4. Juli 1939 von den Nationalsozialisten übernommen wurde, war aus einer Interessenvertretung der Juden ein ausschließlich weisungsgebundenes Verwaltungsorgan geworden. Vom September 1939 an unterstand es der Kontrolle des Reichssicherheitshauptamtes und der Gestapo. Einziger Zweck der Reichsvereinigung und der ihr angegliederten Einrichtungen war aus Sicht der National-

Türschilder jüdischer Organisationen in der Kantstraße 158, 1935

sozialisten die Vorbereitung der Auswanderung der Juden. Zwei Jahre später wurde daraus die Organisation der Deportationen. Als die systematische Deportation und Vernichtung der Berliner Juden einsetzte, kam der Reichsvereinigung die grauenvolle Aufgabe zu, nach Vorgabe der Gestapo die Transporte in die Vernichtungslager zusammenzustellen. Bis zu ihrer Deportation wurden die dafür Vorgesehenen von den Angestellten der Reichsvereinigung betreut, verpflegt und getröstet.[26] Am 10. Juni 1943 wurden die letzten Mitarbeiter der Reichsvereinigung in der Kantstraße verhaftet. Das Vermögen wurde beschlagnahmt. Von

den offiziellen Vertretern sollten nur Moritz Henschel und Leo Baeck überleben.

Wie die Kantstraße 125 hat auch die Nr. 158 eine Entwicklung zu verzeichnen, die einem Salto der Geschichte gleichkommt. Nach der Kapitulation Berlins am 2. Mai 1945 fand hier ein „Befreiungsgottesdienst" statt, bei dem der polnische Oberrabbiner, der die sowjetischen Truppen begleitete, anwesend war. Vor jüdischen Soldaten der Roten Armee und einigen aus dem Untergrund aufgetauchten Berliner Juden blies der Oberrabbiner das Schofar (Widderhorn).[27]

WIDERSTAND GEGEN DEN NATIONALSOZIALISMUS

Selbst in den Jahren schlimmsten nationalsozialistischen Terrors gab es Berlinerinnen und Berliner, darunter auch Bewohner der Kantstraße, die sich gegen „Gleichschaltung", für selbstständiges Handeln, für Widerstand entschieden – aus politischen Gründen, um sich gegen die Verweigerung elementarer Rechte wie der Meinungs- und Weltanschauungsfreiheit zur Wehr zu setzen, vor allem aber, um der physischen wie psychischen Vernichtung jüdischen Lebens entgegenzuwirken und um jüdischen Mitbürgern Hilfe und Unterstützung zukommen zu lassen.[1]

Zu denen, die im Rahmen der verbotenen Kommunistischen Partei gegen den Nationalsozialismus opponierten und deswegen verhaftet wurden, gehörte der Malermeister Fritz Hoffmann (6.4.1894 Rospe/Gummersbach – 30.3.1971 Berlin), der 1926 in die Partei eingetreten war und seit 1934 in der Kantstraße 66a wohnte. Er wurde 1937 zu acht Jahren Zuchthaus verurteilt, weil er am Druck und an der Verbreitung der illegalen *Fackel* beteiligt und für die KPD-Betriebszelle im Nobelkaufhaus KaDeWe tätig gewesen war.[2] Der Klempner Hermann Dünow (6.3.1898 Berlin – 28.9.1973 Berlin) aus der Kantstraße 143, der ab 1924 den Nachrichtendienst der KPD Berlin-Brandenburg leitete und auch für die taktische Militärpolitik seiner Partei zuständig war, wurde 1935 wegen der „Vorbereitung zum Hochverrat" in Tateinheit mit schwerer Urkundenfälschung zu einer lebenslangen Zuchthausstrafe verurteilt. In der Nachkriegszeit war er im Pressereferat des Ministeriums des Innern der DDR tätig.[3] Widerstand haben auch die KPD-Mitglieder

Hildegard und Wilhelm Guddorf geleistet, die ab 1935 in der Nr. 40 lebten. Die Stenotypistin Hildegard (Hilde) Guddorf (geborene Morgner; 5.7.1907 Gera – 6.11.1980) war als Sachbearbeiterin und Bürovorsteherin in verschiedenen Handelsbetrieben tätig. Obwohl bereits 1935 sechs Monate inhaftiert, arbeitete sie unbeirrt in der Gruppe von Robert Uhrig mit, eine der größten Berliner Widerstandsorganisationen, die über ein weitverzweigtes Netzwerk betrieblicher Widerstandsgruppen verfügte. Die mittlerweile geschiedene Hildegard Guddorf wurde 1943 von Arbeitskollegen denunziert und wegen „heimtückischer Äußerungen" zu einem Jahr Haft verurteilt. Sie trat nach dem Krieg in die SED ein, war Mitarbeiterin der Gedenkstätte Ravensbrück und ab den 1950er-Jahren im Präsidium des Ministerrats der DDR angestellt.[4] Wilhelm Guddorf (20.2.1902 Melle/Belgien – 13.5.1943 Berlin), ein aus einer bürgerlich-katholischen Gelehrtenfamilie stammender Journalist, war 1922 in die KPD eingetreten und schrieb für Publikationsorgane seiner Partei wie die *Rote Fahne*. Auch veröffentlichte er ab 1933 unter dem Pseudonym Paul Braun Schriften, die gegen das NS-Regime gerichtet waren. 1933 wurde er Mitglied der KPD-Bezirksleitung Berlin-Brandenburg. Der „Vorbereitung zum Hochverrat" wegen wurde auch er 1934 verhaftet und zu einer dreijährigen Zuchthausstrafe verurteilt, die er im KZ Sachsenhausen verbüßte. Dort hat er mit einem Mithäftling, dem Orientalisten und Sinologen Philipp Schaeffer, Persisch, Chinesisch und Japanisch gelernt. Nach der Entlassung aus der Haft nahm Wilhelm Guddorf

Wilhelm Guddorf, 1932

Kontakt zu Widerstandsgruppen auf, die von der Gestapo als „Rote Kapelle" tituliert wurden. Zusammen mit Arvid Harnack verfasste Guddorf 1942 die umfangreiche Studie *Das nationalsozialistische Stadium des Monopolkapitalismus*. Er wurde 1942 erneut verhaftet, vom Reichskriegsgericht zum Tode verurteilt und im Gefängnis Plötzensee hingerichtet.[5]

Therese Dyck (25.4.1883 – ?) aus der Kantstraße 80, die als Dienstmädchen und Köchin arbeitete, wurde 1935 wegen ihrer Zugehörigkeit zum Bund der Freunde der Sowjetunion festgenommen. Diese der KPD nahestehende Organisation suchte in Vorträgen, Ausstellungen und mit Reisen ein angeblich unverfälschtes Bild der Sowjetunion zu vermitteln.

Weil sie überdies Nachrichten ausländischer Sender abgehört und verbreitet haben sollte, wurde Therese Dyck wegen Hochverrats angeklagt, aber aus Mangel an Beweisen wieder freigelassen.[6]

In der Kantstraße lebten auch Mitglieder der Gruppe „Onkel Emil", deren Aktionen Ruth Andreas-Friedrich in ihrem Tagebuch eindrucksvoll beschrieben hat,[7] nämlich das Ehepaar Charlotte und Walter Reimann sowie der Buchdruckermeister Ludwig Lichtwitz, ein Bruder des Rechtsanwalts Max Lichtwitz, über den schon berichtet wurde. Die sehr heterogene Gruppe, zu der auch Leo Borchard, ein russischer Dirigent, der nach dem Zweiten Weltkrieg kurze Zeit die Berliner Philharmoniker leitete, und der Arzt Walter Seitz gehörten, traf sich in der Wohnung der Journalistin am Hünensteig in Berlin-Steglitz, um Untergetauchten und politisch Verfolgten Quartiere, Lebensmittel und -karten und was sonst zum Überleben notwendig war zu besorgen.

Charlotte Reimann (geborene Kamm; 26.2.1906 Berlin – 3.2.1989 Berlin) und Walter Reimann (10.6.1894 Altenstein – 15.3.1957 Berlin) aus der Nr. 153,[8] sahen sich früh nationalsozialistischem Terror ausgesetzt. Bereits im September 1931 wurde ihr Café am Kurfürstendamm im Rahmen der sogenannten Ku'dammkrawalle attackiert. Randalierer warfen die großen Schaufensterscheiben ein, griffen Gäste tätlich an, und es soll ein Schuss gefallen sein.[9] Denn der besonders in jüdischen Kreisen beliebte Intellektuellen- und Künstlertreff war Rechtsradikalen schon längst ein Dorn im Auge. Hauptaufgabe der Reimanns in der Gruppe war das Sammeln von Lebensmittelkarten und Esswaren.[10] Sie besorgten aber auch der Familie des Zahnarztes Dr. Hugo Jacob eine Unterkunft, der im Dezember 1942 am Hünensteig erschien und untertauchen musste. Ludwig

Charlotte und Walter Reimann mit Sohn Walter jun., Anfang der 1950er-Jahre

Lichtwitz (geb. 1903) aus der Nr. 30, Inhaber einer Druckerei, hatte eine besonders wichtige Funktion in der Gruppe. Sein Beruf ermöglichte es ihm, dringend benötigte Ausweise und andere Papiere herzustellen. Nach einer abenteuerlichen Flucht aus dem Gefängnis der Großen Hamburger Straße, wo er seiner jüdischen Herkunft wegen und aus politischen Gründen eingesessen hatte, richtete der als „vermisst" gemeldete Drucker zusammen mit Cioma (Samson) Schönhaus, dem Sohn jüdisch-russischer Einwanderer, eine illegale Werkstatt in Berlin-Moabit ein. Dort druckten Lichtwitz und Schönhaus nachts Ersatzausweise, die für die Untergetauchten lebensnotwendig waren, oder Fahrscheine für die öffentlichen Verkehrsmittel.[11]

Der gewitzte Lichtwitz hatte übrigens ein bemerkenswertes Hobby, von dem er selbst in schlimmsten Zeiten nicht lassen konnte. Er sammelte „Eroberer-briefmarken", Marken beispielsweise, die den Auf-druck „Generalgouvernement" trugen, und füllte damit ganze Schubladen in seiner Fälscherwerkstatt. Für ihn war das eine „Investition in die Zukunft"[12]. Ob diese sich tatsächlich auszahlen sollte, das zu testen hatte er Gelegenheit, denn er überlebte den Terror und konnte die väterliche Druckerei wieder aufbauen. Cioma Schönhaus konnte sich ebenfalls retten, ihm gelang 1943 die Flucht in die Schweiz.

Auch bei der Familie Germer, die Ende 1943 in die Kantstraße 125 gezogen war, versammelte sich eine kleine Gruppe Oppositioneller. SPD-Mitglied Karl Germer sen. (1886 Berlin – 1956 Berlin) war in den 1920er-Jahren Redakteur und Werbeleiter verschiedener sozialdemokratischer Zeitungen.[13] In dem Haus, in dem bis zum November 1938 die Synagoge des Vereins Thorat Chessed ansässig gewesen war, trafen sich in den letzten Kriegstagen Sozialdemokraten und Gewerkschafter, um Kontakt zu

Familie Germer, hintere Reihe, 2. v. r.: Karl Germer sen.

halten und sich auszutauschen. Über Mittelsmänner hatten sie auch Verbindung zu den Gewerkschaftsführern Hermann Schlimme und Jakob Kaiser sowie zum ehemaligen Reichstagspräsidenten Paul Löbe. Die Germers stellten unter großen Mühen Dutzende Flugblätter her. Das war, so Karl Germer, „[...] nicht leicht [...]. Wohl wurde für die Vervielfältigung eine Druckerei gefunden, aber sie fiel schon vor der Arbeitsaufnahme einem Luftangriff zum Opfer. Das gleiche geschah mit einem Abziehapparat, der mit vieler Mühe beschafft worden war. So blieb letzten Endes nur noch die Schreibmaschine und die Hoffnung, daß die Leser der Flugblätter der Aufforderung zur Vervielfältigung und Weitergabe Folge leisten würden.“[14] Die Flugblätter wurden vor allem in öffentlichen Verkehrsmitteln ausgelegt, vorzugsweise im Bahnhof Alexanderplatz, weil der mit seinen sechs Etagen „seiner Unübersichtlichkeit wegen ideal war“[15]. Die Wohnung der Germers, die bis auf

geringe Schäden den verheerenden Großangriff der Amerikaner auf Charlottenburg vom 21. März 1945 überstanden hatte, war unmittelbar nach Kriegsende auch Schauplatz eines ersten Treffens von Sozialdemokraten und Gewerkschaftern.

Eine besonders spektakuläre Widerstandsaktion war die Verbreitung von Flugblättern mit Hilfe eines Expanders.[16] Die Idee stammte von Herbert Grimm, der zusammen mit Heinz Albrecht und Georg Kunz Mitglied einer Widerstandsgruppe der Sozialistischen Arbeiterpartei war. Laut Albrecht schoss die Gruppe vom Dachboden eines Hauses in der Kantstraße Flugblätter auf die Straße hinunter. Die Blätter regneten immer dann vom Himmel nieder, wenn die Kino-Besucher aus dem *Ufa-Palast* kamen. Die Aktion wurde eingestellt, als die Gruppe befürchten musste, dass nicht nur Häuser in der Hardenbergstraße, sondern auch die am Breitscheidplatz kontrolliert wurden.

Strafanstalt des Königlichen Amtsgerichts, um 1908

Heutige Situation des Gebäudes der ehemaligen Strafanstalt in der Kantstraße 79, 2017

Mit dem ehemaligen Gerichtsgefängnis in der Kantstraße 79 befindet sich an diesem Straßenzug ein Bau, der in besonderem Maße mit der Geschichte des Widerstands in Berlin verbunden ist. Während das eigentliche Gerichtsgebäude im Vorderhaus ab 1934 von der Landesanstalt für Lebensmittel-, Arzneimittel- und gerichtliche Chemie genutzt wurde, waren im Untersuchungsgefängnis hinten zunehmend politische, vom Ende der 1930er-Jahre bis zum Kriegsende ausschließlich weibliche Gefangene inhaftiert. Viele hatten sich der Widerstandsorganisation um Arvid Harnack und Harro Schulze-Boysen

angeschlossen, darunter Mildred Harnack, Libertas Schulze-Boysen und Joy Weisenborn. Nach dem Attentat auf Adolf Hitler saßen dort auch Angehörige der adligen Widerständler ein. Die Gefangene Erna Lugebiel hat beschrieben, wie die Insassinnen die Nachricht vom Anschlag aufgenommen hatten: „Am 20. Juli 1944 hat das ganze Gefängnis getobt vor Freude. Vorher hatten wir das von dem Attentat durchs Radio gehört. In dem Gemäuer schallte es doch so. Ich hatte das Gefühl, Hitler lebt noch. Ohne Schuhe ging ich durch die Gänge: ,Seid ruhig, seid bloß ruhig!' Aber alle haben gejubelt vor Glück.

Leider zu früh!"[17] Zu den in „Sippenhaft" Einsitzenden gehörten unter anderem Diana, Hannah und Philippa von Bredow sowie Melitta Schenk Gräfin von Stauffenberg.

Viele Gefangene waren froh, gerade in diesem Gefängnis gelandet zu sein. Denn dank der Gefängnisleiterin Anne Weider, einem ehemaligen SPD-Mitglied, die auch als Fürsorgerin gearbeitet hatte, wurde ihnen hier ein vergleichsweise menschlicher Umgang gewährt. Aber den meisten Inhaftierten war nur eine kurze Zeit vergönnt, ein wenig Atem zu schöpfen. Viele verbrachten in der Kantstraße ihre letzte Nacht, bevor sie ins KZ transportiert oder in Berlin-Plötzensee enthauptet wurden.

Die in der Kantstraße inhaftierte Helene Jacobs, Mitglied der Bekennenden Kirche, die im Gefängnisbüro mit Buchführung betraut war und der Anne Weiders Vorgesetzter Struwe einen gewissen Schutz gewährte, hat das bemerkenswerte vorläufige Ende des Gerichtsgefängnisses im April 1945 beschrieben: „Jetzt kamen die Russen immer näher. Struwe gab telefonisch eine Warnung: ‚Die Lage spitzt sich zu. Schließen Sie die Zellen ab, und gehen Sie nach Hause!' Das war eine unglaubliche Anordnung. Die Wachtmeisterin Opitz hatte gerade Dienst. Sie warf ihre Schlüssel hin und ging fort. Zu mir sagte er: ‚Sie tun, was Sie für richtig halten.' Ich nahm nun die Schlüssel an mich und redete auf den ersten Hauptwachtmeister ein. ‚Das können Sie doch nicht machen, das wäre ein Verbrechen gegen die Menschlichkeit. Sie können doch nicht die Zellen zuschließen und weggehen.' Er war ein treuer Beamter und durch und durch anständig. Zögerlich willigte er ein, alle zu entlassen. Nur wollte er vorher noch pünktlich die Reservate auszahlen und das bißchen Geld, das die Häftlinge für ihre Arbeit zu kriegen hatten. Zu Frau Sternsdorf, das war die Küchenaufseherin, eine goldige Frau, sagte ich: ‚Wir geben jetzt jeder Gefangenen reichlich Proviant und einen richtigen Entlassungsschein, dann können sie sich bei der Kartenstelle anmelden und sind nicht in Gefahr.' Kaum hatten wir alle entlassen, klingelte es an der Pforte, ein paar abgerissene deutsche Soldaten standen da und baten um Asyl. ‚Natürlich lassen wir die rein', sagte ich. Wir gaben ihnen eine große Zelle. Dann bin ich in der Gegend umhergelaufen und habe Zivilkleidung für sie gesammelt. Das hätte schlecht ausgehen können."[18]

Nach dem Krieg wurde der Gebäudekomplex bis 1985 als Frauenjugendgefängnis, ab 1994 für die Altaktenlagerung des Kammer- und Amtsgerichts genutzt und schließlich 2010 durch den Liegenschaftsfonds veräußert.

Eine Reihe von Bewohnern der Kantstraße hat jüdische Mitbürger versteckt. Stellvertretend für viele dieser „stillen Helden" sei an Charlotte Klein erinnert, die Frau eines jüdischen Zahnarztes.[19] Sie versteckte ab 1943 ihre Freundin, die Jüdin Steffi Tischler, deren Eltern nach Theresienstadt deportiert worden waren. Nach der Ausbombung ihrer Wohnung in der Zietenstraße zog die Familie 1943 zusammen mit der gefährdeten Steffi Tischler in die Kantstraße 129a um. Ein unvermuteter Besuch der Kriminalpolizei endete nur deshalb glimpflich, weil Charlotte Kleins Mann großzügig Schnaps verteilte. Den Wink des Kripomanns „Schicken Sie sie mal für eine Weile weg!" haben die Kleins allerdings beherzigt und ihre Freundin für ein paar Monate in Hamburg untergebracht.[20] Damit konnten sie Steffi Tischler tatsächlich retten. Sie wanderte 1947 in die USA aus.

Über das Schicksal des der Verfolgung ausgesetzten Arthur Katz-Karmer (24.2.1910 Flatow – 12.1.1986 Hamsterley/Durham) sind wir dank der Unterlagen, die im Entschädigungsamt Berlin bewahrt werden, näher unterrichtet. Er hatte Lehrer werden wollen,

Ausweis von Arthur Katz-Karmer, ausgestellt am 12. April 1946

wurde jedoch 1935 kurz vor dem Abschluss seines Studiums seiner jüdischen Herkunft wegen gezwungen, die Universität zu verlassen.[21] Dank eines zusätzlichen Studiums an der Berliner Hochschule für die Wissenschaft des Judentums konnte er sich in den nächsten Monaten als Prediger in Fürstenwalde durchschlagen, anschließend als Lehrer im Landwerk Neuendorf bei Berlin, einem Ausbildungs- und Auswanderer-Lager für jüdische Jugendliche.

Gleich zweimal hat sich Katz-Karmer in Lebensgefahr gebracht, weil er den im westpreußischen Flatow ansässigen, von Deportation bedrohten Eltern zur Seite stehen wollte. Dies brachte ihm beim ersten Mal

Einzelhaft im Polizeigefängnis ein, die nur deswegen aufgehoben wurde, weil er schwer erkrankte. Als die betagten Eltern am 20. Februar 1940 tatsächlich den Befehl erhielten, sich für die Deportation bereitzuhalten, gelang es dem Sohn der guten Verbindung zum Landwerk wegen und weil er wie auch sein Vater einen kräftigen Eindruck machte, den Abtransport der Familie abzuwenden. Die Männer wurden stattdessen für die Landarbeit in Neuendorf vorgesehen. Katz-Karmer schaffte es sogar, nachdem er erneut schwer erkrankt nach Berlin zurückgekehrt war, die Eltern im Jüdischen Altersheim in der Iranischen Straße unterzubringen.[22] Aber er konnte nicht verhindern, dass sie schließlich nach Minsk deportiert und dort ermordet wurden.

Katz-Karmer selbst musste ab Mai 1942 Zwangsarbeit bei der Firma Radio-Seibt in Berlin-Schöneberg leisten.[23] Als eine Festnahme durch die Gestapo drohte, flohen er und seine Freundin Vera Durra am 18. Dezember 1942 in den Untergrund. Die 18-Jährige wurde am 31. Januar 1943 bei einer Straßenrazzia am Lehrter Bahnhof von der Polizei festgenommen und nach Auschwitz deportiert. Katz-Karmer entzog sich dem Zugriff durch ständig wechselnde Quartiere. Eines davon befand sich in der Kantstraße. Ein Freund, der Kammersänger Hanns Heinz Wunderlich, kam ihm zu Hilfe.[24] „Als im Februar 1943 die grosse Massenaktion gegen jüdisch Verfolgte einsetzte", so Wunderlich in einer Stellungnahme zum Entschädigungsantrag seines ehemaligen Schützlings, „wandte sich Herr Katz an mich und fragte mich, ob ich ihn zum Schutz gegen Verfolgung in meine Wohnung illegal aufnehmen könnte. Ich wusste, dass Herr Katz volljüdisch war. Er war damals ledig. Ich habe ihn dann in meiner Wohnung Kantstrasse 160, 4 Treppen, auf ca. ¾ Jahr aufgenommen. [...] Er hatte Wohnungsschlüssel, so dass er die Möglichkeit hatte, über den Dachboden in Nachbarhäuser zu gelangen. Ich erwähne dies, weil es für Herrn Katz einen grossen Sicherheitsfaktor bedeutete."[25] Als das Haus, von Bomben getroffen, ausbrannte, wurden weitere Verstecke erforderlich, die andere Helfer besorgten. Katz-Karmer hat sie nicht allein für sich genutzt, sondern auch anderen „U-Booten" zum Überleben in der Illegalität verholfen.[26]

Katz-Karmer blieb nach der Befreiung zunächst in Berlin, wanderte jedoch im Februar 1948 nach Großbritannien aus. Dort verstarb er im Dezember 1986 im Alter von 76 Jahren. Die Verhandlungen über die „Entschädigung für Freiheitsentzug durch Gestapohaft und Leben in der Illegalität", über eine Entschädigung dafür, dass er den Judenstern tragen musste, über eine Entschädigung für die entgangene Ausbildung und über die Entschädigung für den Verlust seines Eigentums sollten sich – jeweils einzeln behandelt – insgesamt neun Jahre in einem quälend bürokratischen Verfahren hinziehen.

GESCHÄFTSLEBEN

Wäschehaus Louis Maché

Seit jeher bestimmt der Einzelhandel das Erscheinungsbild der Kantstraße. Denn ähnlich wie heute reihten sich schon früh kleine Läden aneinander, weil selbst Bauten, die ursprünglich als reine Wohnhäuser angelegt waren, schon nach wenigen Jahren auch gewerblich genutzt wurden.

Den täglichen Bedarf hat man jahrzehntelang in Geschäften wie dem Kolonialwarenladen des Ehepaars Anger gedeckt, das in der Nr. 154a Milch, Wurst und Käse bis hin zu Maiblätter-Bonbons und Gummiband verkaufte.[1] Heute ist ein Besuch des unter den Schienen der Fern- und S-Bahn in der Kantstraße 7 gelegenen Supermarkts Ullrich ein unverzichtbares Erlebnis. Dort kann man nicht nur das ganze Jahr über fast rund um die Uhr alles zum Leben Nötige kaufen. Selbst für diejenigen, für die Champagner und Spirituosen, für

Korsett-Geschäft Engelke, Kantstraße 103

Parfümerie Lutz Lehmann, Kantstraße 106

die man ein paar Hunderter hinzulegen hat, dazu gehören, ist gesorgt. Vor allem lässt sich in den langen Schlangen, die sich an den Kassen bilden, über die Frage sinnieren, welche Kunden exotischer scheinen: die Touristen aus aller Herren Länder oder die Einheimischen, denen offenbar immer erst an Feiertagen auffällt, woran es noch zu Hause fehlt.

Schon früh waren in der Kantstraße auch Geschäfte anzutreffen, die von Migranten geführt wurden. Cohen & Behar Orientteppiche in der Nr. 160 etwa, von 1927 bis 1939 im Besitz einer türkisch-jüdischen Familie. „Der Laden machte", so Isaak Behar, dessen Vater dort als Teppichknüpfer angestellt war, „durchaus etwas her. Hinter dem schmucken, sorgsam dekorierten Schaufenster erstreckte sich ein weitläufiger Laden, an den sich ein geräumiger Hinterraum anschloss [...]. Hier konnte mein Vater sich nun endlich eine funktionelle Arbeitsstätte einrichten. Hin und wieder nahm er den Teppich, an dem er gerade arbeitete und setzte sich damit ins Schaufenster, um mit diesem malerischen orientalischen ‚Stilleben' Kunden anzulocken."[2]

In die moderne Geschäftswelt bringen heute Läden mit einer mehr als sechzig Jahre zurückreichenden Geschichte ein paar bunte Tupfer ein. Das Korsett-Geschäft Engelke in Nr. 103 gehört dazu, in dem Ursel Rieck (geborene Engelke) in einem Reich aus Plastikboxen und Pappschachteln, aus denen mal gediegene Miederwaren, mal Frivoles quillt, mit erfahrenem Blick – „Ick hab'n Maßband im Auge" – jeder Kundin das Passende heraussuchte.[3] Zu den Traditionsgeschäften gehören auch Kiwus (ursprünglich A. Wächter Feuerzeuge, Raucherbedarf) in der Nr. 56, ein Paradies für passionierte Raucher, der schon vor dem Zweiten Weltkrieg eröffnete Laden des Optikers Probst in der Nr. 27 und das Parfümgeschäft Lehmann in der Nr. 106. Dort kann man sich seit 1958 individuelle Parfüms aus rund hundert Düften mischen lassen und dafür auch den eigenen Lieblingsflakon mitbringen. Denn dass schöne Glasfläschchen einfach fortgeworfen werden, diese Rohstoffverschwendung hat den Firmengründer Harry Lehmann schon 1926 geärgert und auf die Idee gebracht, Parfüm nach Gewicht zu verkaufen.[4] Den

Kantstraße, Ecke Knesebeckstraße, im Eckhaus (Bildmitte): C. Adolph Eisenwaren, 1899

C. Adolph Eisenwaren, 2017

Rekord in langjähriger Ansässigkeit hält C. Adolph Eisenwaren, an der Ecke Savignyplatz gelegen. Dort kann man sich seit 1898 mit Haushaltswaren und Heimwerkerbedarf eindecken.

Im Bereich des Buch- und Kunsthandels war viele Jahre die nahe der Gedächtniskirche ansässige Amelang'sche Buch- und Kunsthandlung führend. Als die Firma 1902 in die Kantstraße 164 zog, war die Gegend, so der Kunstkritiker und Journalist Max Osborn, „keineswegs ein Mittelpunkt gewerblichen Lebens. Läden gab es in der Nachbarschaft kaum, denn auch im Erdgeschoss, das durch Vorgärten vom Bürgersteig getrennt war, befanden sich allenthalben noch Privatwohnungen."[5] Aber Georg Eggers und Henry Benecke, Nachfolger des Firmengründers Amelang, hatten den richtigen Riecher: „Denn gerade die außerordentliche, immer noch wachsende Fülle von Wohnungen für Familien der gebildeten

125

Die Amelang'sche Buch- und Kunsthandlung, 1902

und der wohlhabenden Schichten in der Nachbarschaft mußte einer frisch eröffneten Buchhandlung günstig sein. Sie fand von selbst ihr Publikum, das diesen Laden für geistige Nahrung, den ersten weit und breit, erfreut willkommen hieß."[6] Den Kunden bot man bei Amelang auch ein Antiquariat, eine Leihbücherei und einen Lesesaal. Dass sich die höheren Offiziere aus der Umgebung besonders gerne dort aufhielten, brachte dem Geschäft den Titel „Treffpunkt der Exzellenzen" ein.[7] Eine Besonderheit der Amelang'schen Buch- und Kunsthandlung waren eine Zeitlang deren Grafik-Ausstellungen. Ein kluger Schachzug der Inhaber, denn die „Schwarz-weiß-Ausstellungen", wie Osborn sie nannte, waren etwas Neues in Berlin und fanden viel Beachtung.[8]

Anders als in der benachbarten Secession setzte man bei Amelang auf die Präsentation vornehmlich deutscher Kunst. Schließlich gab es genügend Berliner, die über die angebliche Vorherrschaft französischer impressionistischer Malerei irritiert waren. Ausgestellt wurden Zeichnungen und Radierungen von Adolph von Menzel, Ludwig Knaus, Käthe Kollwitz, Dora Hitz, Max Klinger und Heinrich Zille.

1935 drohte dem renommierten Geschäft, das mittlerweile von Henry Beneckes Sohn geführt wurde, dessen „nicht-arischer" Herkunft wegen die Schließung. Aber im Vorfeld der Olympischen Spiele wollte man unnötiges Aufsehen vermeiden. Benecke rettete seinen Laden, indem er die Geschäftsleitung formal einer Mitarbeiterin, die Mitglied der NSDAP war, übergab. Er wagte es sogar, im Keller verbotene Literatur für Stammkunden bereitzuhalten und sie mit fingierten Karteikarten auszuleihen. Erst im April 1945 endete der Verkauf, der zuletzt, weil das Haus bei einem Bombenangriff zerstört worden war, in der Nähe in einem kleinen Laden ohne Schaufenster erfolgte.

„Es flimmert einem vor Augen", so Bertolt Brecht mit dem Verweis auf Aushänge mit dem Hinweis „Wir sprechen russisch", die in vielen Schaufenstern zu sehen waren.[9] Auch die in den 1920er-Jahren in der Kantstraße 24 ansässige russische Buchhandlung Rodina (Heimat) warb damit. Denn da hatte sich das Umfeld der Kaiser-Wilhelm-Gedächtniskirche längst zum von Revolutionsflüchtlingen bevorzugten „Charlottengrad" entwickelt. In der Kantstraße gehörten vor allem das Restaurant im *Theater des Westens* und das *Moskva* in der Nr. 14 zu den von russischen Emigranten bevorzugten Treffs.[10]

Wenn es um Bücher ging, war bis vor wenigen Jahren für die Generation der 68er der Besuch bei Zweitausendeins in der Nr. 41/42 ein Muss. Im nüchternen weißen Ladenlokal war von Literatur-Klassikern, musikalischen Kuriosa und linker Gegenkultur alles für wenig Geld zu haben. 2015 musste die engagierte Mannschaft, die für ihre unterhaltsamen Beratungsgespräche bekannt war, aufgeben.

Dem Kunsthandel von Amelang, Jacob Hecht (Kantstr. 162) und Rudolf Schreiber (Nr. 5) folgte Mitte der 1950er-Jahre das nicht weniger bemerkenswerte Haus der tausend Gemälde. Auch wenn man dort einem anderen Kunstanspruch huldigte, zählte das in der Nr. 111 von Werner Karst geführte Geschäft jedenfalls vom Umsatz her zur Spitzengruppe des deutschen Kunsthandels.[11] Karst hatte, um die Nachfrage seiner kunstbeflissenen Kunden nach „guten", möglichst naturgetreuen Gemälden rationell und preiswert befriedigen zu können, einen Stab von nicht weniger als dreißig Malern um sich versammelt, die, jeweils auf ein Sujet spezialisiert, auf Geheiß und in dieser Rangfolge Alpenlandschaften, Jagd- und Tierszenen, Blumenstücke und ab und an auch mal eine Mittelmeerlandschaft produzierten. Nicht nur die Kunden waren es zufrieden, sondern auch die Künstler, denen auf diese Weise gelang, was ihre Kollegen oft vergeblich anstrebten, nämlich ihren Lebensstandard dem eines bundesrepublikanischen Normalbürgers anzugleichen.

Einen asiatischen Gegenpol zu der Art Kunstvermittlung, wie sie von Karst betrieben wurde, bildet heute Tone of China, eines der unzähligen Import-Geschäfte, die sich in der Kantstraße aneinanderreihen. Denn Zhou Jian, von Haus aus Kommunikationswissenschaftler, der den Laden 2006 in der Nr. 50 eröffnete, ist auch daran gelegen, mit seinem bunten Warenangebot aus chinesischen Vasen, Teekesseln, mit Schmuckstücken aus Jade und Nephrit und dunkel lackierten Schränken Kulturvermittlung zu betreiben.[12]

Tone of China, Kantstraße 50

Im Geschäft China Einrichtungen, Kantstraße 23

Schon immer hat es eine Menge Gaststätten, Cafés und Bars in der Kantstraße gegeben. Beliebte Treffs aller Innenstadt-Charlottenburger waren nicht nur Kneipen wie *Woschnik's Bierhallen*, beim Amtsgericht in der Nr. 85 gelegen, oder der legendäre *Groschenkeller*, sondern auch Cafés wie das des Ehepaares Reimann, von dem schon die Rede war. Gäste der 1919 in der Nr. 153 eröffneten Konditorei, der ersten von Walter Reimanns einstigem Imperium, die sich bis in die 1960er-Jahre halten konnte, waren Ossietzky, Tucholsky, Jürgen Fehling und Ernst Neubach, der den Besitzern sein von ihm und Friedrich Schwarz geschriebenes und von Fred Raymond komponiertes Lied *In einer kleinen Konditorei* widmete.[13] Auch für Camilla Spira gehörte seit frühester Jugend ein Besuch im Café der Reimanns dazu, die ihr im Laufe der Jahre zu hochgeschätzten Freunden wurden.[14] Neben dem *Café Reimann* war in den 1930er-Jahren auch die große *Konditorei Meudtner* in der Nr. 161 be-

Grand-Restaurant *Zum Augustiner*, Kantstraße 137, 1907

liebt, ihrer Terrasse wegen, vielleicht aber auch, weil man hoffte, einen Blick auf Ilse Meudtner, die Tochter des Kaffeehausbesitzers, werfen zu können. Sie belegte bei den Olympischen Spielen 1928 den vierten Platz im Kunstspringen, machte sich dann aber als Solotänzerin einen Namen.[15]

Heute trifft man sich im *Schwarzen Café* in der Nr. 48, das sich immer noch als eine Institution im Berliner Nachtleben behauptet. Ein Kollektiv um Holger Klotzbach hat es 1978 nach dem großen Sponti-Kongress „Tunix", der in der Technischen Universität veranstaltet wurde, aufgemacht. „Authentisch wäre ein Besuch zwischen drei und fünf in der Frühe", meint Starfriseur Udo Walz, der zu den Fans des Cafés gehört, denn dann ist dort am meisten los.[16] Nick Cave jedenfalls hat sich daran gehalten, wenn er sein *In the name of pain* dem Publikum entgegengeschleuderte.[17] Und Marianne Rosenberg, die eine wehmütige Ballade *Im Schwarzen Café* geschrieben hat, in der sie über die Nächte erzählt, die sie dort mit Rio Reiser und dem Rest der Ton Steine Scherben verbrachte.[18]

Für den Kunstsammler Heinz Berggruen waren nicht der Gendarmenmarkt oder das Brandenburger Tor Wahrzeichen Berlins, sondern „die wache, wilde, rund um die Uhr summende, schimmernde, tosende" *Paris Bar*.[19] International bekannt ist sie auf jeden Fall. Dafür hat schon das gleichnamige Gemälde des 1997 verstorbenen Künstlers Martin Kippenberger gesorgt, auf dem das Interieur der Bar wiedergegeben ist. Es wurde 2009 bei Christie's für zwei Millionen Pfund an einen amerikanischen Sammler verkauft. Dabei hatte Kippenberger das Bild noch nicht einmal selbst gemalt. Das erledigte Götz Valien für ihn.[20] Kippenberger ist nur einer aus der großen Schar Prominenter, für die ein Besuch in der *Paris Bar* zum nächtlichen Berlin dazugehörte bzw. dazugehört. Sie waren alle da: Jack Nicholson, Robert de Niro, Madonna, Helmut Newton, David

In Woschnik's Bierhallen, Kantstraße 85, um 1912

Der farbige Papagei aus Neonröhren schmückt seit Anfang der 1980er-Jahre das Schaufenster des *Schwarzen Cafés*, Kantstraße 148, 2017

Paris Bar, Kantstraße 152, 2017

Bowie, Udo Lindenberg, Claudia Schiffer, Jörg Immendorf, Karl Lagerfeld, Iris Berben und natürlich Otto Sander, der ein Anrecht auf seinen Stehplatz am Tresen hatte. Die Bar, die eigentlich ein Restaurant ist, hat Anfang der 1950er-Jahre Jean Coupy, ein ehemaliger Funker der französischen Armee, in der Kantstraße 152 eingerichtet. Vom Ende der 1970er-Jahre bis 2005 haben Michel Würthle und Reinald Nohal das mittlerweile um eine Cocktail-Bar erweiterte Restaurant betrieben. Ihnen war an guten Kellnern gelegen. Denn, so Würthle, der dort immer noch anzutreffen ist: „Alfred Polgar hat gesagt, es dauert zehn Jahre, bis man sich an seinen Kellner gewöhnt, nach zwanzig Jahren ist er einem angenehm. Nach dreißig Jahren, wenn man ihn braucht, geht er in Pension oder stirbt."[21]

Kunst bedeckt dicht gedrängt in Petersburger Hängung die Wände der *Paris Bar*, 2004

130

Restaurant von Otto Cassel, Kantstraße 148, mit Durchblick
zum Künstlerzimmer

Restaurant Otto Cassel, Bln.-Charlottenburg, Kantstr. 148

Teilansicht mit Durchblick zum Künstlerzimmer

Zu den nennenswerten Restaurants der Kantstraße gehörte früher das *Weinhaus Trarbach* in der Nr. 8, das vor allem von den Gästen des *Theaters des Westens* frequentiert wurde. Dort konnte man sich vor dem Ersten Weltkrieg, wie ein Blick auf die Speisekarte verrät, mit einem „Aufschnitt aus Hummer, Gänseleberpastete, Austern und Kaviar" verwöhnen lassen, eine halbe Waldschnepfe mit Leberbrötchen und „Californ. Kompott" verdrücken oder Exotisches wie „Aubergine, türkisch" versuchen.[22] Im gediegen eingerichteten Restaurant *Cassel* in der Nr. 148 verkehrten nicht nur Berta Drews und Heinrich George. Das Gästebuch verzeichnet auch Otto Gebühr, Joachim Ringelnatz, Veit Harlan, Asta Nielsen, Werner Krauss und Frank Wedekind.[23]

Lang ist die Tradition chinesischer Restaurants in der Kantstraße. Sie verdankt sich dem Zuzug ostasiatischer Studenten zu Beginn des 20. Jahrhunderts. Dass die meist aus wohlhabenden Familien stammenden, gut gewandeten jungen Herren bevorzugt zur Untermiete in einer der großzügig geschnittenen Wohnungen in der Kantstraße lebten, war der Nähe zur Technischen Hochschule geschuldet, an der viele von ihnen eingeschrieben waren. Auch zur Chinesischen Gesandtschaft am Kurfürstendamm hatten sie es nicht weit und zum Club chinesischer Studenten, der 1927 immerhin schon 500 Mitglieder hatte und bis 1931 in der Nr. 122 ansässig war.[24] Das älteste chinesische Restaurant in der Kantstraße war das *Tientsin* in der Nr. 130b, dem wenig später das *Wen Thai-Tim* in der Nr. 133 folgte. Das *Tientsin* hatte Tsai tien Wen, ehemals Koch der chinesischen Gesandtschaft, 1923 eröffnet. Zeitgenössischen Restaurantkritikern erschien das Speiseangebot zwar fremdartig, „jedoch in ästhetischer und digestiver Hinsicht auch für Europäer geeignet".[25] Das *Tientsin* hat sich lange gehalten, musste sich aber in der Nachkriegszeit mondänerer Konkurrenz, die ihm am Kurfürstendamm erwachsen war, geschlagen geben.

Das *Tientsin* in der Kantstraße 130b wirkte mit seinen chinesischen Schriftzeichen besonders exotisch

Das Restaurant *Good Friends*, Kantstraße 30, 2017

Für Star-Koch Tim Raue ist das seit Anfang der 1990er-Jahre in der Nr. 30 ansässige *Good Friends* sein Zuhause. „Ich liebe diesen Laden", sagt er.[26] Im schlichten Ambiente sitzen dort allabendlich mehr Chinesen als anderswo in Berlin. Nichtasiatische Gäste verwirrt das Tempo der Kellner, die es schaffen, das Essen fast zeitgleich mit der Bestellung auf den Tisch zu bringen.

Waren es zunächst russische und chinesische Gaststätten, die einen Hauch Internationalität in die Kantstraße brachten, so erweiterte sich von den 1950er-Jahren an das Spektrum. Unter anderem mit einem der ersten jugoslawischen Restaurants Berlins, *Bei Pero*, das sein Besitzer 1953, also zu einer Zeit, als Gastarbeiter noch „Fremdarbeiter" hießen, als kleine Imbissbude auf einem Ruinengrundstück an der Kant-, Ecke Schlüterstraße begründete und dann in Form eines Lokals in der Nr. 135/136 betrieb.[27] Für den Schriftsteller Heinz Oskar Wuttig, neben viel

132

Prominenz einer der Stammgäste, war dieses Restaurant ein Lichtblick in der Kantstraße, „dieser langen, schnurgeraden Schlucht", die ihm damals wie „ein gesichtsloser harter Strich, nüchtern und unschön" erschien.[28] Wenn er sich dort mit Pljeskavica verwöhnen ließ, für ihn nichts Geringeres als ein „folkloristisches Poem", konnte ihm kaum noch irgendeine Unbill des Lebens etwas anhaben.

Rund zehn Jahre nach Pero Velagićs Restaurant-Eröffnung erhielt Berlin dann mit dem *Portofino* in der Nr. 63 auch seine erste Pizzeria.

Werbung des Restaurants *Bei Pero*, Kantstraße 135, 1960er-Jahre

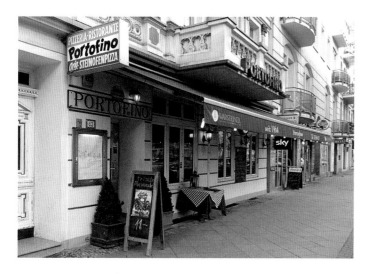

Das *Portofino* in der Kantstraße 63, 2017

Der Imbiss-Stand, den Herta Heuwer (geborene Pöppel; 1913 – 1999) ab August 1949 in der Nr. 101 betrieben hat, wäre längst vergessen, hätte sie nicht die pikante „Chillup" (Chili-Ketchup)-Sauce erfunden, weswegen sie viele als Erfinderin der heute weltweit bekannten Currywurst betrachten. Auch mit Wurst kann man, wie an der Kantstraße 101 auf der Gebäudeseite an der Kaiser-Friedrich-Straße ersichtlich, zu einer Gedenktafel kommen.

Gedenktafel für Herta Heuwer, Kantstraße 101

Das *Kant-Hotel* warb „mit allem Komfort: Reichstelefon, Fahrstuhl, Lichtruf", 1941

Tabori (1914–2007), Autor und Theatermann, der dort 1932/33 nach der Matura als Kellner und am Empfang jobbte, diente das Hotel „der Verpflegung ostdeutscher Landbesitzer mit und ohne weibliche Begleitung".[30] 1926 hielt sich Sergej Eisenstein, international bekannt durch seinen Film *Panzerkreuzer Potemkin*, im *Hotel Hessler* auf. Der sowjetische Regisseur, Sohn eines Architekten, hat es der hohen Rundbogenfenster im Erdgeschoss wegen als ein typisches Beispiel des Neuen Bauens in Berlin bestaunt.[31] Im *Hotel Hessler* logierten 1932 auch der Komponist Ernst Krenek und Oscar Straus, der mit seiner Operette *Eine Frau, die weiß, was sie will* an der Staatsoper mit Fritzi Massary in der Hauptrolle einen legendären Erfolg erzielte. Das Hotel wurde im Zweiten Weltkrieg zerstört.

Schon früh mischten sich große Unternehmen in die anfangs vom Einzelhandel dominierte Geschäfts-

Während die Kantstraße heute Touristen und Messebesuchern eine Menge Hotels bietet, die für jeden Trend in Konzept und Ausstattung aufgeschlossen sind, hatte sie davon früher nur eine geringe Anzahl zu bieten. Zu den Häusern ersten Rangs gehörten Anfang der 1920er-Jahre das in der Kantstraße 1 beim Bahnhof Zoologischer Garten gelegene *Park-Hotel*, das der Weltwirtschaftskrise zum Opfer fiel,[29] und das etwa zur gleichen Zeit nahe Krumme Straße in der Nr. 54 eröffnete *Kant-Hotel*. Ein besonders renommiertes Haus war das nach dem ersten Inhaber benannte *Hotel Hessler* in der Nr. 165/166, direkt gegenüber dem *Romanischen Café* gelegen. Laut George

Kofferaufkleber, 1916

Die Kantstraße mit Blick auf die Kaiser-Wilhelm-Gedächtniskirche und das *Hotel Hessler* (vorn rechts)

heiß-Patzenhofer-Konzern gehörte.[32] Die Weltwirtschaftskrise brachte Katzenellenbogens Unternehmen ins Wanken, worauf er mit gewagten Finanztransaktionen reagierte. Sie waren nicht immer legal und trugen ihm 1932 sogar drei Monate Gefängnis ein. Eine überaus peinliche Situation – auch für seine Frau, die bekannte Schauspielerin Tilla Durieux, die er, nachdem er sich von seiner Frau Estella hatte scheiden lassen, 1930 geheiratet hatte. Aber dem Paar stand noch Schlimmeres bevor. Der Versuch des jüdischen Unternehmers, sich im Ausland dem Zugriff der Nationalsozialisten zu entziehen, scheiterte. Ludwig Katzenellenbogen verstarb als Häftling der Gestapo im Jüdischen Krankenhaus in Berlin. Tilla Durieux überdauerte den Krieg in Zagreb und kehrte 1952 nach Deutschland zurück.

Wirklich große Büro- und Geschäftshäuser entstanden erst auf den Baulücken, die der Krieg gerissen hatte, im Zuge des Ausbaus des am Kurfürstendamm und nahe der Gedächtniskirche gelegenen Bereichs zum Zentrum West-Berlins. Mit dem Neubau des Bekleidungshauses Leineweber von Hans Mittag (1950, 2015 abgerissen) an der Ecke Joachimsthaler Straße und dem Niedrigpreiskaufhaus bilka gegenüber (1956, heute Karstadt Sports), dem der Architekt Hanns Dustmann mit der fensterlosen Fassade mit Rautendekor und mit der hohen Kuppel „Eleganz und eine originelle Note" zu geben suchte,[33] bekam die Kantstraße nun auch Geschäfte von überbezirklicher Bedeutung. Dazu gehörten am entgegengesetzten Ende, an der Einmündung der Wilmersdorfer Straße, das Schuhhaus Leiser (1950) und das Kaufhaus Neckermann (1963/64; heute Peek & Cloppenburg),

welt der Kantstraße. Von 1911 bis 1925 nutzte Ludwig Katzenellenbogen (21.2.1877 Krotoschin – 30.5.1944 Berlin) die Toplage der Nr. 3/4 für seine Ostelbische Spritwerke AG und die Ludwig Katzenellenbogen GmbH, die sich mit Finanzierungsgeschäften befasste. Gestützt auf ein familiäres Netzwerk, machte Katzenellenbogen daraus innerhalb weniger Jahre ein Firmenimperium, zu dem auch der Ostwerke-Schult-

Blick vom Kaufhaus bilka zum Bekleidungshaus Leineweber, Kantstraße, Ecke Joachimstaler Straße, um 1960

ein „Mekka der Hausfrau", bei dessen Eröffnung Tausende Berliner den Verkehr in der Umgebung zum Erliegen brachten. Büro- und Geschäftshäuser wie das der Volkswohl Bund Lebensversicherung von Curt Hans Fritzsche in der Kantstraße 13 (1956), die einstige zur Dresdner Bank-Gruppe gehörende Bank für Handel und Industrie in der Nr. 17–19 (1956, heute stilwerk), das Schimmelpfeng-Verwaltungs- und Geschäftshaus in der Nr. 1 (1960, 2013 abgerissen) und das nach dem Entwurf von Paul Schwebes errichtete Bürohaus der Dortmunder Union-Brauerei in der Nr. 3/4 (1960, Ende der 1990er-Jahre abgerissen, heute Standort des Hochhauses Zoofenster) verstärkten das zunehmend moderne Flair des Straßenzugs.

Verwaltungsgebäude der Volkswohl Bund Lebensversicherung, Kantstraße, Ecke Fasanenstraße, 2017

Kaufhaus bilka Ende der 1950er-Jahre und das heutige Karstadt Sports, 2017

Schuhhaus Leiser an der Ecke Kantstraße, Wilmersdorfer Straße in den 1950er-Jahren und 2017

Verwaltungsgebäude der Dresdner Bank an der Kantstraße, Ecke Uhlandstraße um 1960 und das 1999 am selben Standort eröffnete stilwerk, 2017

An der Stelle des Verwaltungsgebäudes der Dortmunder Union-Brauerei in der Joachimsthaler, Ecke Kantstraße (links, Foto von 1960) wurde von 2008 bis 2012 das Zoofenster errichtet (Foto von 2017)

Zum Imagewandel in der Kantstraße trug 1999, das ist schon zu Beginn dieses Bandes erwähnt worden, entscheidend die Eröffnung des Design-Centers stilwerk bei, ein nach Plänen der Berliner Architekten Novotny Mähner & Assoziierte und Studio & Partners aus Mailand errichteter Bau, in dem Wohndesign, edle Stoffe, noble Küchen, High-End Hi-Fi und Pianos sowie eine gehobene Gastronomie und ein Kulturprogramm geboten werden. Das stilwerk erlöste den zwischen Uhlandstraße und Savignyplatz gelegenen Bereich aus einem langjährigen Schattendasein, denn in seinem Sog haben sich dort Inneneinrichter, Restaurants und Kunstgalerien angesiedelt. Die Geschäftsinhaber haben sich überdies im Netzwerk Designmeile Kantstraße zusammengetan, um aktiv auf die Standortentwicklung einzuwirken.

Sie können mit einem weiteren Meilenstein in diese Richtung rechnen. Denn den jahrzehntelang stark vernachlässigten, von Abriss bedrohten Kant-Garagen scheint eine verheißungsvolle Zukunft beschieden. Nach den Plänen des neuen Besitzers, eines Charlottenburger Unternehmers, wird das Gebäude so saniert, dass sein „rauer" Charme wieder erfahrbar wird. Im Inneren bleiben die Tiefgaragen erhalten, im Erdgeschoss müssen Tankstelle und Werkstatt jedoch weichen. Dort wird Gastronomie einziehen. Im ersten Geschoss sollen zukünftig Autohersteller zukunftsweisende Konzepte wie „E-Mobility" vorstellen. Schließlich sind zwei Etagen für Kunstgalerien und eine „Kunsthalle" für Wechselausstellungen vorgesehen.[34] Ein neues Leben scheint nicht nur dem Bau angemessen, der immerhin als die wohl bedeutendste Großgarage der Zwischenkriegsmoderne in Deutschland gilt. Es verschaffte auch denen, die maßgeblich

Im stilwerk, 2015

Bar im stilwerk, 2017

Wendelrampe im Kant-Garagenpalast, 1930

Das Konzept von Nalbach + Nalbach Gesellschaft von Architekten sieht für die Kant-Garagen unter anderem ein Restaurant im Erdgeschoss vor

an der Entstehung dieses Verkehrsdenkmals beteiligt waren, eine Art Genugtuung. Im Falle des einstigen Bauherrn und Eigentümers Louis Serlin dafür, dass er das Gebäude zwangsweise verkaufen und in die USA emigrieren musste. Eine „Revanche" verdienen auch zwei der Architekten, mit denen er zusammengearbeitet hatte, weil auch sie gezwungen waren, das Land zu verlassen. Hermann Zweigenthal (4.4.1904 Wien – 7.10.1968 New York) seiner jüdischen Herkunft wegen, Richard Paulick (7.11.1903 Roßlau – 4.3.1979 Ost–Berlin), weil er sich als Funktionär der Sozialistischen Arbeiterpartei Deutschlands betätigt hatte.

Bleibt zu wünschen, dass auch dem ehemaligen Gefängnis in der Kantstraße 79 eine ähnliche Zukunft beschieden ist, bei der ein Ort des Gedenkens an die dort inhaftierten Frauen aus dem Widerstand einbezogen sein sollte. Dann verfügte die Kantstraße mit ihren herausragenden Bau- und Kulturdenkmälern über eine ungewöhnlich komplexe erfahrbare Geschichtslandschaft.

Das auf Japanese Fusion Food spezialisierte Restaurant *Minakami* in der Kantstraße 50, 2016

CHAMPION UNTER BERLINS STRASSEN

Die Charlottenburger Kantstraße ist alles andere als eine beliebige Berliner Straße. Dass sie dem Kern des fortschrittlichen Neuen Westens eingeschrieben war, dass sie von einem der Brennpunkte Berlins aus bis tief in das alte Charlottenburg hinein durch die City West führt, hat ihr eine reiche Geschichte beschert, in deren Verlauf sich die Kantstraße ständig gewandelt hat und sich dennoch treu geblieben ist.

Über Jahrzehnte war die Kantstraße eine Straße der Künstler. Aber auch prominente Wissenschaftler, politische Vorreiter und Technikpioniere haben dort gewohnt und gearbeitet. Heute versorgen die Universitäten vom Campus Charlottenburg die Kantstraße mit künstlerischem Nachwuchs und jungen Akademikern. Schon früh, spätestens seit den 1920er-Jahren, hatte die Kantstraße ein Kultur- und Vergnügungszentrum vorzuweisen, das von ganz Berlin frequentiert wurde. Mit dem *Theater des Westens*, mit Kinos, Kabaretts und dem *Delphi Palast* kamen dort bis in die 1940er-Jahre hinein Freunde der klassischen Musik, des Swing und des Jazz ebenso auf ihre Kosten wie Fans der mit Witz und Ironie ausgeteilten Zeitkritik und des Films. Vom Ende der 1940er-Jahre an war es außer dem *Theater des Westens* der *Delphi Palast*, seit den 1970er-Jahren das *Kant-Kino* und das *Schwarze Café*, von den 1980er-Jahren an schließlich rund dreißig Jahre das *Abraxas*, die an diese Tradition anknüpften. Sie wird heute überdies von Clubs wie dem *Quasimodo* fortgeführt. Seit den 1950er-Jahren verstärkt auch die *Vaganten Bühne* das Kulturangebot am *Theater des Westens*.

Zu den Besonderheiten der Geschichte der Kantstraße gehört seit mehr als hundert Jahren die Aufgeschlossenheit für Migranten. Wenn sich früher der türkische Teppichknüpfer Nissim Behar zum Arbeiten in das Schaufenster setzte, um Passanten mit einer „orientalischen" Szenerie anzulocken, wenn in den 1920er-Jahren das erste chinesische Restaurant der Stadt mit chinesischen Schriftzeichen, wenn russische Buchhandlungen mit dem Hinweis „wir sprechen russisch" für sich warben, so ist es heute die in ganz Berlin einmalige Fülle der mit Läden und Restaurants vertretenen Nationalitäten, die den Bummel durch den „Boulevard der Einwanderer" zu einer Art Weltreise werden lässt.

Dass trotz der Schäden, die der Zweite Weltkrieg verursachte, noch viel von der Gründerzeitbebauung erhalten ist, sorgt für eine ausgewogene Sozialstruktur und vermittelt Berlin-Besuchern einen Eindruck von Alt-Berlin. Aber anders als in der unmittelbaren Umgebung der Kantstraße gibt es auch in diesem Bereich keinen Stillstand. Vielmehr sorgen Hochhäuser wie Kant-Dreieck und Zoofenster für architektonische Vielfalt und Anschluss an Internationalität.

Allerdings wandelt sich, auch dies war schon immer so, das Gesicht der Straße von Abschnitt zu Abschnitt. Das ist der jeweiligen Distanz zum Kurfürstendamm und zum Areal um die Gedächtniskirche geschuldet. Das erste Drittel, der sich vom Breitscheid- bis zum Savignyplatz erstreckende Bereich, war früher eine vom Adel und dem gehobenen Bürgertum bevorzugte Wohnlage, denen exquisite Geschäfte geboten

Kantstraße mit KapHag-Hochhaus und dem noch nicht fertiggestellten Upper West, 2016

wurden. Für manche der Stucketagen sind heute Spitzenpreise zu zahlen. Auch gab es im östlichen Teil der Straße – ähnlich wie heute – international renommierte Hotels wie das *Hessler* und beliebte Cafés wie das des Konditors Reimann. Seit den 1990er-Jahren nehmen nahe der Uhlandstraße Geschäfte, die Design anbieten, gewissermaßen die Tradition des Kunst- und Möbelhandels auf, wie er hier bis in die 1930er-Jahre hinein in anspruchsvollen Kunstauktionshäusern zu finden war. Gen Westen schließt eine weniger repräsentative Bebauung an, kleine Geschäfte verbreiten Kiez-Atmosphäre. Das war früher nicht anders. Einzig die Anzahl von Hotels, Restaurants und Imbissen hat sich, weil der Tourismus in Berlin boomt, deutlich verdichtet. Dort treffen in unbeirrter Gelassenheit Einheimische auf Touristen und auf

Besucher der Messe Berlin. Von denen kehren viele, wenn sie wieder einmal in der Stadt sind, zu ihrer „Entdeckung", dem Lieblings-Vietnamesen, -Japaner oder -Thai zurück. Sie betrachten die Kantstraße als Geheimtipp und schwärmen von grandiosen Ausblicken auf die Straße, die mancher Hotel-Dachgarten zu bieten hat. Die sind den meisten Berlinern allerdings überhaupt nicht bekannt. In einem Straßenwettbewerb konnte die Kantstraße dennoch eine Menge „Coolness-Punkte"einheimsen.[1] Denn obwohl für „Lifestyle Traveller" eingerichtet, sind die meisten Hotels bezahlbar. Und in den Restaurants ist oft nicht nur das Angebot an Speisen, sondern auch die Ausstattung einfallsreich. Manchmal sind es große Kochtöpfe im Schaufenster, die Aufmerksamkeit erregen, manchmal der Blick auf ein riesiges Aquarium oder eine ungewöhnliche HiFi-Anlage, manchmal wird überhaupt darauf verzichtet, Einblick durch das Schaufenster zu gewähren. Weil sie „trendy" sind, zieht es, auch dies eine Besonderheit der Straße, ebenso junge Leute wie die 68er-Generation dorthin, saturierte Genießer ebenso wie Menschen, die lediglich eine Kleinigkeit in einem anregenden Ambiente zu sich nehmen wollen.

Schließlich gibt es seit den 1960er-Jahren in der Kantstraße sowohl am östlichen Ausgang als auch an der Einmündung der Wilmersdorfer Straße Kaufhäuser und Geschäfte von überregionaler Bedeutung. Das ist dem Ausbau zum Zentrum West-Berlins zu verdanken. In den 1980er-Jahren war die Kantstraße besonders zwischen Krumme und Kaiser-Friedrich-Straße, aber auch darüber hinaus sogar eines der wichtigsten Handelszentren West-Berlins. Großhändler verkauften Elektrogeräte, Kleidung und Parfüm. Längst vom Einbruch, den die Kantstraße nach 1990 erlebte, erholt, findet sich heute aber auch dort ein vielfältigeres Warenangebot. Spielwaren, persische und russische Literatur sind ebenso vertreten wie im mediterranen Supermarkt Fruchteis aus Alicante. Im Einzugsbereich des Stuttgarter Platzes kommt noch ein wenig Rotlichtmilieu hinzu, auch dies eine langjährige, spätestens mit den 1950er-Jahren einsetzende Erscheinung. In westlicher Richtung trotzen schließlich alteingesessene Einzelhändler wie Parfümerie Lehmann und Korsett Engelke der Übermacht russischer, ukrainischer, persischer und afrikanischer Geschäftswelt und der Konkurrenz der Wilmersdorfer Arcaden.

Die Kantstraße, so das mit Wirtschaftsförderung und Standortprofilierung beschäftigte Regionalmana-

Zoofenster (links) und Upper West, 2017

gement CITY WEST, steht für eine „privatinvestive Stadtentwicklung". „Ihre größte Qualität ist ihre perspektivische Offenheit für neue Nutzungen."[2] Das hat schon das *Theater des Westens* bewiesen, das den Visionen des Architekten Bernhard Sehring zu verdanken ist und das aus dem Nichts den Ausbau der Kantstraße zu einer der Hauptstraßen Charlottenburgs bewirkte. Heute finden solche Ambitionen mit den Plänen für die Revitalisierung der Kant-Garagen eine Nachfolge, die ein Highlight für Kunst und Architektur versprechen, vielleicht auch mit einem Konzept, das für das ehemalige Frauengefängnis erarbeitet wird.

Die Kantstraße hat ihre Authentizität erhalten. Mit einer urbanen Mischung aus Kultur, Kiez und Kommerz aller Couleur ist sie längst aus dem Schatten des großen Gegenstücks, des Kurfürstendamms, getreten. Mag der mit seinen noblen Altbauten und exquisiten Geschäften in Sachen Eleganz die Nase vorn haben, in puncto einer für alle Trends der Zeit aufgeschlossenen Geschäftigkeit trägt die quirlige Kantstraße den Sieg davon.

ANMERKUNGEN

VON DER BEGEHRTEN WOHNLAGE IM NEUEN WESTEN ZUR HAUPTSCHLAGADER DER CITY WEST – DIE KANTSTRASSE IM ZEITRAFFER

1 Alfred Kerr: Wo liegt Berlin? Briefe aus der Reichshauptstadt 1895–1900, hg. von Günther Rühle, Berlin 1998, S. 179.
2 Zwanzig Pläne von Charlottenburg. Bevölkerungs- und Wohnungs-Verhältnisse der Stadt graphisch darstellend, hg. vom Statistischen Amt der Stadt, Charlottenburg 1903, S. 4 f.
3 Siehe S. 128.
4 Vgl. Lorenz Tomerius: Hallo Taxi!, in: *Die Zeit*, Nr. 3 (1994), www.zeit.de/1994/03/hallo-taxi/seite-2, 8.11.2016.
5 Vgl. Paul Ortwin Rave/Irmgard Wirth: Die Bauwerke und Kunstdenkmäler von Berlin. Stadt und Bezirk Charlottenburg, Berlin 1961, S. 583.
6 Vgl. Die gestrigen Unruhen. Reichswehr wird eingesetzt, in: *Vossische Zeitung* vom 7.11.1923.
7 Vgl. Ein schicksalsreiches Haus, in: *Der Westen* vom 11.11.1934.
8 Vgl. Dagmar Yu-Dembski: Chinesen in Berlin, Berlin-Brandenburg 2007, S. 45 f.
9 Vgl. Rudolf Diels: Die Nacht der langen Messer fand nicht statt, in: *Der Spiegel*, Nr. 26 (1949), www.spiegel.de/spiegel/print/d-44437041.html, 7.11.2016.
10 Vgl. Copy of 6.1.1./82339403: Liste von Codenummern von Arbeits-, Konzentrationslagern und Gefängnissen, ITS Archives, Bad Arolsen, 03.12.2015, Archivnummer: 83.
11 Vgl. Charlotte Reimann: Bericht zur Lage vom Kriegsschauplatz Charlottenburg vom 28.4.1945, unveröffentlichtes Manuskript, Museum Charlottenburg-Wilmersdorf.
12 Vgl. Schadensplan Verwaltungsbezirk Charlottenburg. Stand 1945, Museum Charlottenburg-Wilmersdorf.
13 Vgl. Christiane Kohl: Kalter Krieg. Donner, Blitz und Teddy. Über das Doppelleben des Stasi-Menschenräubers Hans Wax, in: *Der Spiegel*, Nr. 10 (1996), www.spiegel.de/spiegel/print/d-9072494.html, 7.11.2016.
14 Vgl. Der seltsame Professor, in: *Der Spiegel*, Nr. 27 (2000), www.spiegel.de/spiegel/print/d-16810569.html, 7.11.2016.
15 Vgl. Ulrich Enzensberger: Die Jahre der Kommune I. Berlin 1967–1969, München 2006, S. 140.
16 Vgl. Christina Caprez: Charlottenburg – das neue Berliner Trendquartier?, in: SRF Schweizer Radio und Fernsehen, 22.3.2014.
17 Vgl. Nikolaus Bernau: Aller Achsen enträckt, in: *Berliner Zeitung* vom 2.4.2014.
18 *AD Architectural Digest*, 10 (2016), S. 186.
19 Vgl. auch für das Folgende Evelyn Roll: Weltreise, in: *Süddeutsche Zeitung* vom 7.12.2015.
20 Petr Borkovec: Amselfassade. Berlin-Notate. Prosa und Gedichte, Berlin 2006, S. 18 f.

THEATER, KABARETTS UND KINOS

1 Vgl. Acten der Stadtverordneten-Versammlung in Charlottenburg. Betr. Kantstraße, Bd. 1, begonnen Mai 1891, Museum Charlottenburg-Wilmersdorf.
2 Zit. nach 100 Jahre *Theater des Westens* 1896–1996, hg. vom *Theater des Westens*, Berlin 1996, S. 12.
3 Zit. nach Celina Kress: Zwischen Garten und Stadt – Die Architekten in Berlins „Zug nach dem Westen", in: Heinz Reif (Hg.): Berliner Villenleben, Berlin 2008, S. 116.
4 Vgl. Barbara Sasse: Das *Theater des Westens* Kantstraße 8–12, in: Helmut Engel/Stefi Jersch-Wenzel/Wilhelm Treue (Hg.): Geschichtslandschaft Berlin, Bd. 1: Charlottenburg, T. 2: Der Neue Westen, Berlin 1985, S. 357–377.
5 Alfred Kerr: Wo liegt Berlin? Briefe aus der Reichshauptstadt 1895–1900, hg. von Günther Rühle, Berlin 1998, S. 211.
6 Vgl. Sasse, Das *Theater des Westens*, S. 370.

7 Vgl. Rudolf Hösch: Kabarett von gestern nach zeitgenössischen Berichten, Kritiken und Erinnerungen, Bd. 1: 1900–1933, Berlin 1969, S. 120.

8 Vgl. ebd., S. 120.

9 Ebd., S. 120.

10 Vgl. Karin Ploog: Als die Noten laufen lernten. Geschichte und Geschichten der U-Musik bis 1945, Bd. 3, Norderstedt 2016, S. 45.

11 Friedrich Hollaender: Von Kopf bis Fuß. Mein Leben mit Text und Musik, München 1965, S. 131.

12 Zit. nach Carolin Stahrenberg: *Hot Spots* von Café bis Kabarett. Musikalische Handlungsräume im Berlin Mischa Spolianskys 1918–1933, Münster u. a. 2012, S. 167.

13 Zit. nach Volker Kühn: Von Wilder Bühne, Tingel-Tangel und Tütü. Kabarett im *Theater des Westens*, in: 100 Jahre *Theater des Westens*, S. 145.

14 Vgl. Klaus Völker: Kabarett der Komiker Berlin 1924 bis 1950, München 2010, S. 15.

15 Vgl. Carl-Peter Steinmann: Von Karl May zu Helmut Newton. Spurensuche in Berlin, Berlin 2006, S. 30 ff.

16 Vgl. Jürgen Hofmann: Theaterbuch Berlin, Berlin 1985, S. 85 ff.

17 Gott im Niemandsland, in: *Der Spiegel*, Nr. 44 (1953), www.spiegel.de/spiegel/print/d-25657872.html, 7.11.2016.

18 Zit. nach Dietmar Jazbinsek: Kinometerdichter. Karrierepfade im Kaiserreich zwischen Stadtforschung und Stummfilm, Berlin 2000, S. 62, https://bibliothek.wzb.eu/pdf/2000/i00-505.pdf., 7.11.2016.

19 Vgl. Michael Prellberg: Kino an der Kantstraße schließt nach 88 Jahren, in: *Berliner Zeitung* vom 15.12.1999.

20 Vgl. Regina Aggio: Filmstadt Berlin 1895–2006, Berlin 2007, S. 43 f.

21 Vgl. Johannes Völz: Was ist Aufzehrung? Im Bann eines Vordenkers. Das Kant-Kino wird vor dem Untergang bewahrt, in: *Der Tagesspiegel* vom 27.11.1991.

22 Vgl. auch für das Folgende Petra Ahne: Vom Trümmerhaufen zum Filmpalast, in: *Berliner Zeitung* vom 3.11.1999.

23 Ebd.

SCHAUSPIELER UND FILMEMACHER

1 Julius Bab: Adalbert Matkowsky. Eine Heldensage, Berlin 1932, S. 166 f.

2 Max Kretzer: Wilder Champagner. Berliner Erinnerungen und Studien, Leipzig 1919, S. 45.

3 Kat. Rudolph Lepke Kunst-Auctions-Haus: Sammlung Adalbert Matkowsky, Berlin 1910.

4 Vgl. Bab, Adalbert Matkowsky, S. 166 f.

5 Zit. nach Theodor Lessing: Nachtkritiken. Kleine Schriften 1906–1907, hg. von Rainer Marwedel (Veröffentlichungen der Deutschen Akademie für Sprache und Dichtung, Bd. 84), Darmstadt 2006, S. 542.

6 Otto Franz Gensichen: Adalbert Matkowsky, in: Genossenschaft Deutscher Bühnenangehöriger (Hg.): Neuer Theater-Almanach 1910, 21. Jg., Berlin 1910, S. 57.

7 Zit. nach Bab, Adalbert Matkowsky, S. 169 f.

8 Rüdiger Schaper: Moissi. Triest. Berlin. New York. Eine Schauspielerlegende, Berlin 2000, S. 64.

9 Ebd., S. 83.

10 Ebd., S. 218.

11 Fritz Kortner: Aller Tage Abend. Erinnerungen, Berlin 2005, S. 161.

12 Vgl. ebd., S. 106.

13 Zit. nach Kati Röttger (Hg.): Welt – Bild – Theater. Politik des Wissens und der Bilder, Bd. 1 (Forum modernes Theater, Bd. 37), Tübingen 2010, S. 102.

14 Boleslaw Barlog: Theater lebenslänglich, München 1981, S. 109.

15 Zit. nach Simone Ladwig-Winters: Anwalt ohne Recht. Das Schicksal jüdischer Rechtsanwälte in Berlin nach 1933, Berlin 1998, S. 119.

16 Zit. nach Gabriele Fritsch-Vivié: Gegen alle Widerstände. Der Jüdische Kulturbund 1933–1941, Berlin 2013, S. 219.

17 Berta Drews: Wohin des Wegs. Erinnerungen, 4. Aufl., München/Wien 1986, S. 101.

18 Ebd., S. 207.

19 Frank-Burkhard Habel/Volker Wachter: Lexikon der DDR-Stars. Schauspieler aus Film und Fernsehen, Berlin 1999, S. 109.

20 Ebd., S. 110.

21 Vgl. Die B.Z. schrieb das Drehbuch, in: *BZ* vom 2.12.2001.

22 Juha Kindberg, in: Plattform Edition Filmmuseum/ Wunder der Schöpfung.https://www.edition-filmmuseum.com/product_info.php./info/p71_Wunder-der-Sch-pfung.html, 6.9.2016.

23 Vgl. Bernd Philipp: Klausjürgen Wussow – ein Leben zwischen Extremen, in: *Die Welt* vom 20.6.2007, https://www.welt.de/regionales/berlin/article961877/Klausjuergen-Wussow-ein-Leben-zwischen-Extremen.html, 1.11.2016.

24 Klausjürgen Wussow: Mein Leben als Chefarzt – Professor Brinkmann und ich, Bergisch Gladbach 1987.

25 Auskunft von Sanna Hübchen, Agentur Hübchen, 19.4.2016.

26 Peter Zander: Frank Giering – Im Muttersohn wohnte ein Dämon, in: *Die Welt* vom 24.6.2010, https://www.welt.de/kultur/article8168966/Frank-Giering-im-Muttersohn-wohnte-ein-Daemon.html, 1.11.2016.

KÜNSTLER UND KUNSTSCHULEN

1 Zit. nach Peter Paret: Die Berliner Secession. Moderne Kunst und ihre Feinde im Kaiserlichen Deutschland. Frankfurt a. M./Berlin/Wien 1983, S. 118.

2 Vgl. Gabriele Silbereisen: Die Berliner Secession, in: Helmut Engel/Stefi Jersch-Wenzel/Wilhelm Treue (Hg.): Geschichtslandschaft Berlin, Bd. 1: Charlottenburg, T. 2: Der Neue Westen, Berlin 1985, S. 395.

3 Vgl. Annette Dorgerloh: Das Künstlerehepaar Lepsius. Zur Berliner Porträtmalerei um 1900, Berlin 2003, S. 258.

4 Sabine Lepsius: Ein Berliner Künstlerleben um die Jahrhundertwende. Erinnerungen, München 1972, S. 157.

5 Dorgerloh, Das Künstlerehepaar, S. 130.

6 Ebd., S. 258 f.

7 Ebd., S. 131.

8 Vgl. ebd., S. 220.

9 Lepsius, Ein Berliner Künstlerleben, S. 222.

10 Vgl. ebd., S. 193 ff.

11 Ebd., S. 188.

12 Zit. nach Alexandra Bechter: Leo von König 1871–1944. Leben und Werk, Phil. Diss. Johannes Gutenberg-Universität Mainz 1998, S. 36.

13 Vgl. ebd., S. 115.

14 Vgl. Eva-Maria Herbertz: Leben in seinem Schatten. Frauen berühmter Männer, München 2009, S. 67.

15 Zit. nach Bechter, Leo von König, S. 89.

16 Vgl. ebd., S. 94.

17 Besuch bei Emmy Stalmann, in: *Der Tagesspiegel* vom 24.9.1949.

18 Vgl. Ulrike Schwartzkopff-Lorenz: Kurt Mühlenhaupt – eine Künstlermonographie, Phil. Diss. Freie Universität Berlin 2007, S. 18. Paulina Czienskowski: Der Mann, der die großen Künstler ganz privat zeigte, in: *Berliner Morgenpost* vom 3.5.2015.

19 Zit. nach Daniel Brandl-Beck: Der Maler Marsden Hartley reist durch Deutschland, in: Capricen. Momente schwuler Geschichte, hg. von Rüdiger Lautmann, Hamburg 2014, S. 238.

20 Ebd., S. 236.

21 Max Osborn: Edmund Edel und seine Plakate, in: *Deutsche Kunst und Dekoration*, 8 (1901), S. 390.

22 Zit. nach Johannes Althoff: Nachwort, in: Edmund Edel: Berlin W. Ein paar Kapitel von der Oberfläche, Berlin 2001, S. 158.

23 Zit. nach Marina Sauer: Mit Schirm, Charme und Melone. Der Plakatkünstler Edmund Edel (1863–1934), Kiel 1994, S. 10.

24 Edel, Berlin W., S. 12.

25 Zit. nach Sauer, Mit Schirm, Charme und Melone, S. 41.

26 Portal Haus der Deutschen Kunst 1937–1945 – eine Dokumentation, www.hausderdeutschenkunst.de/kuenstler/raffael-schuster-woldan.html, 10.9.2016.

27 Persönliche Auskunft von Johannes Eglau, 22.1.2016.

28 Persönliche Auskunft von Rita Preuss, 3.6.2016.

29 Vgl. Dörte Döhl/Bärbel Mann: Berlin ist meine Mitte. Die Malerin Rita Preuss, hg. von Karoline Müller, Berlin 2014, S. 16 ff.

30 Vgl. ebd., S. 29.

31 Zit. nach Sebastian Pfotenhauer: „Wo ich bin, ist oben." Geheimnisvolle Bildersprache: Die Malerin Rita Preuss erhält den diesjährigen Hannah-Höch-Preis, in: *Berliner Morgenpost* vom 31.10.2000.

STUDIENATELIERS, BILDHAUER UND BILDGIESSER

1 Vgl. Claudia Marcy (Hg.): Raum für die Kunst. Künstlerateliers in Charlottenburg, Berlin 2005, S. 28.

2 Vgl. ebd., S. 29.

3 Vgl. Kat. Ethos und Pathos. Die Berliner Bildhauerschule 1786–1914, hg. von Peter Bloch/Sibylle Einholz/Jutta von Simson, Berlin 1990, S. 176.

4 Vgl. Ulrich Thieme/Felix Becker: Allgemeines Lexikon der bildenden Künstler, Bd. 21, hg. von Hans Vollmer, Leipzig o. J., S. 215.

5 Vgl. Berthold Grzywatz: Das Rathaus Charlottenburg. Zur Geschichte und Ikonographie eines bürgerlichen Monumentalbauwerks, Berlin 1989, S. 261.

6 Vgl. ebd., S. 271 ff.

7 Theobald Tiger, in: *Die Weltbühne*, Nr. 35 (27.8.1929), S. 319.

8 Vgl. Elke Masa: Die Bildhauerfamilie Cauer im 19. und 20. Jahrhundert, Berlin 1989, S. 271.

9 Vgl. Fritz Klimsch: Erinnerungen und Gedanken eines Bildhauers. Geformte Bilder eines Lebens und zweier Jahrhunderte, Berlin u. a. 1952, S. 48.

10 Vgl. ebd., S. 63.

11 Vgl. ebd., S. 51.

12 Ebd., S. 73.

13 Ebd., S. 73.

14 Vgl. Manfred Großkinsky: August Gaul und Fritz Klimsch – Gemeinsamkeiten und Unterschiede, in: Die Bildhauer August Gaul und Fritz Klimsch, Museum Giersch, Frankfurt a. M. 2010, S. 8.

15 Ebd., S. 8

16 Vgl. Gerd Brüne: Fritz Klimsch – Aufstieg und Niedergang eines Deutschen Bildhauers im 20. Jahrhundert, in: Die Bildhauer August Gaul und Fritz Klimsch, Frankfurt a. M. 2010, S. 157.

17 Vgl. Christine Fischer-Defoy: Kunst Macht Politik. Die Nazifizierung der Kunst- und Musikhochschulen in Berlin, Berlin 1988, S. 113.

18 Gustav Seitz. Werke und Dokumente, hg. vom Archiv für Bildende Kunst im Germanischen Nationalmuseum, Nürnberg/München 1984, S. 51.

19 Vgl. Fischer-Defoy, Kunst Macht Politik, S. 250 f.

20 Vgl. Joist Grolle: Gustav Seitz. Ein Bildhauer zwischen Ost und West, Hamburg 2010, S. 32.

21 Frühjahrs-Hausputz, in: *Der Abend* vom 25.3.1950.

22 Ingeborg Ruthe: Bekenntnis zur menschlichen Figur. Zum 100. Geburtstag von Gustav Seitz, in: *Berliner Zeitung* vom 11.9.2006.

23 Vgl. Wolfgang H. Günzel: Berliner Bronzen Brücken Bauten. Geschichten aus dem Leben des Berliner Metallbildhauers und Bronzegießers Hans Füssel, Berlin 2008, S. 7.

24 Vgl. ebd., S. 55 ff.

MUSIKER, KOMPONISTEN UND MUSIKINSTITUTIONEN

1 Max Kretzer: Wilder Champagner. Berliner Erinnerungen und Studien, Leipzig 1919, S. 188.

2 Vgl. Cordula Heymann-Wentzel: Das Stern'sche Konservatorium der Musik in Berlin. Rekonstruktion einer verdrängten Geschichte, Phil. Diss. Universität der Künste Berlin 2014, S. 256.

3 Vgl. ebd., S. 247 ff.

4 Ebd., S. 273.

5 Vgl. ebd., S. 297.

6 Vgl. Dietmar Schenk: Das Stern'sche Konservatorium der Musik. Ein deutsch-jüdisches Privatkonservatorium der Bürgerkultur Berlins 1850–1936, in: Berlin in Geschichte und Gegenwart, Jahrbuch des Landesarchivs Berlin, Berlin 2000, S. 75 ff.

7 Vgl. Hans Heinz Stuckenschmidt: Ferruccio Busoni. Zeittafel eines Europäers. Zürich/Freiburg i. Br. 1967, S. 23. Die von anderen Biografen genannte Nr. 135 war damals noch nicht gebaut.

8 Vgl. Reinhard Ermen: Ferruccio Busoni, Reinbek b. Hamburg 1996, S. 53.

9 Zit. nach Stuckenschmidt, Ferruccio Busoni, S. 59.

10 Ebd., S. 170.

11 Fritz Klimsch: Erinnerungen und Gedanken eines Bildhauers, Berlin/Zürich/Freiburg i. Br. (1952), S. 21.

12 Vgl. Hans Heinz Stuckenschmidt: Schönberg. Leben. Umwelt. Werk, Zürich 1974, S. 291.

13 Zit. nach Margret Jestremski/Ernst Hilmar: Begegnung mit Arnold Schönberg, Duisburg 1993, S. 23.

14 Vgl. Eberhard Freitag: Arnold Schönberg. In Selbstzeugnissen und Bilddokumenten, Reinbek b. Hamburg 1973, S. 123.

15 Ebd., S. 88.

16 Paul Grümmer: Begegnungen. Aus dem Leben eines Violoncellisten, München 1963, S. 69 f.

17 Zit. nach Online-Magazin für Luzern und Zug: www.zentralplus.ch/de/news/kultur/4536510/Vor-50-Jahren-starb-in-Zug-ein-Cello-Star.htm, 10.9.2016.

18 Vgl. Karl-Josef Kutsch/Leo Riemens: Großes Sängerlexikon, Bd. 4, Bern/Stuttgart 2004, S. 2257.

19 Zit. nach Joachim Dorfmüller: Heinrich Reimann. Leben und Werk eines schlesischen Musikschriftstellers, Organisten und Komponisten, Bonn 1994, S. 53 f.

20 Zit. nach: The Story of Pepito Arriola, in: *The Edute* (Februar 1910).

21 Carl Stumpf: Akustische Versuche mit Pepito Arriola, in: *Beiträge zur Akustik und Musikwissenschaft* 4 (1909), S. 107.

22 Auch für das Folgende Knud Wolffram: Tanzdielen und Vergnügungspaläste. Berliner Nachtleben in den dreißiger und vierziger Jahren. Von der Friedrichstraße bis Berlin W., vom Moka Efti bis zum Delphi, Berlin 1992, S. 135 ff.

23 Vgl. Messing ist kein Haifisch, in: *Der Spiegel*, Nr. 35 (1950), www.spiegel.de/spiegel/print/d-44449558.html, 22.11.2016.

24 Ich wollte nicht, dass geklatscht wird, weil ich im KZ war, in: *Der Spiegel*, Nr. 5 (2015), www.spiegel.de/spiegel/print/d-131463450.html, 22.11.2016.

25 Nachruf auf Helmut Zacharias, in: *Der Spiegel*, Nr. 10 (2002), www.spiegel.de/kultur/musik/helmut-zacharias-ist-tot-er-brachte-den-weissen-flieder-nach-amerika-a-184922.html, 3.11.2016.

LITERATEN UND PUBLIZISTEN

1 Zit. nach Hans Henning: Friedrich Spielhagen, Leipzig 1910, S. 107.

2 Vgl. ebd., S. 109 ff.

3 Marie von Bunsen: Die Welt, in der ich lebte 1860–1912, Biberach a. d. Riss 1959, S. 150.

4 Zit. nach Roland Berbig: Paul Lindau – eine Literatenkarriere, in: Peter Wruck (Hg.): Literarisches Leben in Berlin 1871–1933, Berlin 1987, S. 93.

5 Ebd., S. 96.

6 Zit. nach Annemarie Eismann-Lichte: Paul Lindau. Publizist und Romancier der Gründerjahre, Phil. Diss. Westfälische Wilhelms-Universität Münster 1981, S. 179 f.

7 Max Kretzer: Meister Timpe, Stuttgart 1976, S. 11.

8 Ebd., S. 83.

9 Vgl. Patrick Küppers: Die Sprache der Großstadt. Zeitkritik und ästhetische Moderne in den frühnaturalistischen Berlinromanen Max Kretzers, Marburg 2014, S. 294 f.

10 Die Akte Max Kretzer, hg. von Heinz Dieter Tschörtner, Berlin 1969.

11 Zit. nach Annemarie Lange: Berlin zur Zeit Bebels und Bismarcks. Zwischen Reichsgründung und Jahrhundertwende, Berlin 1984, S. 798.

12 Ebd., S. 780.

13 Ebd., S. 780.

14 Vgl. Sunhild Pflug: „Da stehn die Häuser, und lassen in sich hausen…" Kurt Tucholskys Wohnorte in Berlin, Frankfurt (Oder)/Berlin (Frankfurter Buntbücher 56) 2015, S. 22.

15 Zit. nach Heinrich-Wilhelm Wörmann: Widerstand in Charlottenburg, hg. von der Gedenkstätte Deutscher Widerstand, Berlin 1991, S. 21.

16 Vgl. Elke Suhr: Carl von Ossietzky. Pazifist, Republikaner und Widerstandskämpfer, München 1989, S. 186.

17 Zit. nach Wörmann, Widerstand, S. 12.

18 Vgl. Fritz H. Landshoff: Amsterdam, Keizersgracht 333. Querido Verlag. Erinnerungen eines Verlegers, 2. Aufl. Berlin/Weimar 1991, S. 26 ff.

19 Zit. nach Barbara Asper/Hannelore Kempin/Bettina Münchmeyer-Schöneberg: Wiedersehen mit Nesthäkchen. Else Ury aus heutiger Sicht, Berlin 2007, S. 63.

20 Marianne Brentzel: Nesthäkchen kommt ins KZ. Eine Annäherung an Else Ury 1877–1943, Zürich/Dortmund 1993.

21 Zit. nach Asper/Kempin/Münchmeyer-Schöneberg, Wiedersehen, S. 53.

22 Marianne Brentzel: Mir kann doch nichts geschehen… Das Leben der Nesthäkchen-Autorin Else Ury, Berlin 2007, S. 12 f.

WISSENSCHAFTLER UND TECHNIKER

1 Wilhelm Gundlach: Geschichte der Stadt Charlottenburg, Bd. 1, Berlin 1905, S. 665.

2 Auch für das Folgende Wilt Aden Schröder: Norden, Eduard, in: Martin Tielke (Hg.): Biographisches Lexikon für Ostfriesland II, Aurich 1997, S. 261–269.

3 Auch für das Folgende Volker Caspari/Klaus Lichtblau: Franz Oppenheimer. Ökonom und Soziologe der ersten Stunde, hg. von der Goethe-Universität, Frankfurt a. M. 2014.

4 Vgl. Franz Oppenheimer: Erlebtes – Erstrebtes – Erreichtes. Lebenserinnerungen, hg. von Ludwig Y. Oppenheimer, Düsseldorf 1964, S. 180.

5 Ebd., S. 137.

6 Vgl. Caspari/Lichtblau, Franz Oppenheimer, S. 10.

7 Oppenheimer, Erlebtes, S. 16.

8 Auch für das Folgende Helmut Seibt (Hg.): Adolf Miethe (1862–1927). Lebenserinnerungen, Frankfurt a. M. 2012.

9 Vgl. ebd., S. 222.

10 Eugen Diesel: Diesel. Der Mensch, das Werk, das Schicksal, München 1983, S. 187.

11 Auch für das Folgende Hans L. Sittauer: Nicolaus August Otto – Rudolf Diesel, 4. Aufl., Leipzig 1990, S. 49 ff.

12 Vgl. Hans Barth: Hermann Oberth. „Vater der Raumfahrt". Autorisierte Biographie, Feucht 1985, S. 137.

13 Ebd., S. 7 f.

14 Ebd., S. 128.

15 Ebd., S. 61.

16 Ebd., S. 314.

17 Rolf Hochhuth: Hitlers Dr. Faust. Tragödie, Reinbek b. Hamburg 2000, S. 15.

18 Ebd., S. 13.

19 Vgl. Anton Reichenow, in: Deutsches Kolonial-Lexikon, hrsg. von Heinrich Schnee, Leipzig 1920.

20 Vgl. Peter Giere/Saskia Jancke: Professor Georg Friedrich Paul Matschie, in: Klasse. Ordnung. Art. 200 Jahre Museum für Naturkunde, hg. von Ferdinand Damaschun u. a., Rangsdorf 2010, S. 198.

21 Vgl. Susanne Köstering: Natur zum Anschauen. Das Naturkundemuseum des deutschen Kaiserreichs 1871–1914, Köln/Weimar/Wien 2003, S. 201.

22 Ebd., S. 202.

23 Vgl. Giere/Jancke, Professor, S. 196.

ÄRZTINNEN UND ÄRZTE

1 Vgl. Nino Ketschagmadse: Retter des Meniskus, in: *Jüdische Allgemeine* vom 23.3.2006, www.juedische-allgemeine.de/article/view/id/5687, 24.11.2016.
2 Zit. nach Carl Seelig: Helle Zeit – Dunkle Zeit. In Memoriam Albert Einstein, Zürich 1956, S. 46.
3 Iwan Bloch: Das Sexualleben unserer Zeit in seinen Beziehungen zur modernen Kultur, Berlin 1909, S. 827.
4 Vgl. Günter Grau: Iwan Bloch. Hautarzt – Medizinhistoriker – Sexualforscher (Jüdische Miniaturen, Bd. 57), Berlin 2007, S. 30.
5 Bloch, Das Sexualleben, S. 81.
6 Vgl. Grau, Iwan Bloch, S. 39.
7 Zit. nach Bernhard Egger: Iwan Bloch und die Konstituierung der Sexualwissenschaft als eigene Disziplin. Medizin. Diss., Institut für Geschichte der Medizin, Universität Düsseldorf 1988, S. 7.
8 Georg W. Loewenstein: Kommunale Gesundheitsfürsorge und sozialistische Ärztepolitik zwischen Kaiserreich und Nationalsozialismus – autobiographische, biographische und gesundheitspolitische Anmerkungen, hg. von Stephan Leibfried und Florian Tennstedt, Bremen 1980, S. 8.
9 Zit. nach ebd., S. 12.
10 Zit. nach Rebecca Schwoch (Hg.): Berliner jüdische Kassenärzte und ihr Schicksal im Nationalsozialismus. Ein Gedenkbuch, Berlin/Teetz 2009, S. 556.
11 Vgl. Eva Brinkschulte (Hg.): Weibliche Ärzte. Die Durchsetzung des Berufsbildes in Deutschland, Berlin 1993, S. 13.
12 Vgl. ebd., S. 126.
13 Vgl. Dietlinde Peters: Dr. Martha Wygodzinski (1869–1943). „Der Engel der Armen". Berliner Ärztin – Engagierte Gesundheitspolitikerin (Jüdische Miniaturen, Bd. 73), Teetz/Berlin 2008, S. 20 ff.
14 Ebd., S. 8.
15 Vgl. Brinkschulte, Weibliche Ärzte, S. 46 f.
16 Zit. nach Peters, Dr. Martha Wygodzinski, S. 42.
17 Vgl. ebd., S. 49.
18 Vgl. ebd., S. 52 f.
19 Betty Scholem/Gershom Scholem: Mutter und Sohn im Briefwechsel 1917–1946, hg. von Itta Shedletzky in Verbindung mit Thomas Sparr, München 1989, S. 449.
20 Vgl. Schwoch, Berliner jüdische Kassenärzte, S. 777.
21 Scholem/Scholem, Mutter und Sohn, S. 445.
22 Ebd., S. 537.
23 Ebd., S. 537.
24 Vgl. Schwoch, Berliner jüdische Kassenärzte, S. 777.
25 Vgl. Johanna Bleker/Sabine Schleiermacher: Ärztinnen aus dem Kaiserreich. Lebensläufe einer Generation, Weinheim 2000, S. 296 f.
26 Ebd., S. 296 f.
27 Vgl. Louisa Sach: „Gedenke, dass Du eine deutsche Frau bist!" Die Ärztin und Bevölkerungspolitikerin Ilse Szagunn (1887–1971) in der Weimarer Republik und im Nationalsozialismus, Diss. Medizinische Fakultät der Charité/Universitätsmedizin Berlin 2006, S. 6.
28 Vgl. ebd., S. 21.
29 Vgl. ebd., S. 126 ff.
30 Vgl. ebd., S. 187.
31 Vgl. ebd., S. 22.
32 Vgl. Winfried Meyer: Unternehmen Sieben. Eine Rettungsaktion für vom Holocaust Bedrohte aus dem Amt Ausland/Abwehr im Oberkommando der Wehrmacht, Frankfurt a. M. 1993., S. 90.
33 Vgl. ebd., S. 285 ff.
34 Vgl. Schwoch, Berliner jüdische Kassenärzte, S. 721.

JURISTEN

1 Vgl. Simone Ladwig-Winters: Anwalt ohne Recht. Das Schicksal jüdischer Rechtsanwälte in Berlin nach 1933, Berlin 1998, S. 8.
2 Vgl. Angelika Königseder: Recht und nationalsozialistische Herrschaft. Berliner Anwälte 1933–1945, hg. vom Berliner Anwaltsverein, Bonn 2001, S. 16.

3 Vgl. Ladwig-Winters, Anwalt, S. 36.

4 Vgl. Königseder, Recht, S. 27.

5 Vgl. Ladwig-Winters, Anwalt, S. 35.

6 Vgl. Königseder, Recht, S. 30.

7 Vgl. Ladwig-Winters, Anwalt, S. 57.

8 Vgl. ebd., S. 58.

9 Vgl. auch für das Folgende Wolfgang Sellert: James Paul Goldschmidt (1874–1940). Ein bedeutender Straf- und Zivilprozeßrechtler, in: Deutsche Juristen jüdischer Herkunft, hg. von Helmut Heinrichs u. a., München 1993, S. 595–613.

10 Vgl. Monika Schmidt: Die jüdischen Aktionäre des Zoologischen Gartens zu Berlin. Namen und Schicksale, Berlin 2014, S. 105 f.

11 Vgl. ebd., S. 107.

12 Vgl. Peter Galliner (Hg.): Freiheit und Bindung. Zur Geschichte der Jüdischen Reformgemeinde zu Berlin von den Anfängen bis zu ihrem Ende 1939, Teetz 2004, S. 201 f.

13 Zit. nach Klaus J. Herrmann: Weltanschauliche Aspekte der Jüdischen Reformgemeinde zu Berlin, in: Emuna IX Nr. 2 (1974), S. 91.

14 Zit. nach Schmidt, Die jüdischen Aktionäre, S. 109.

15 Vgl. Ladwig-Winters, Anwalt, S. 209.

16 Vgl. auch für das Folgende Micaela Haas, Stolpersteine-Initiative Charlottenburg-Wilmersdorf, https://www.berlin.de/ba-charlottenburg-wilmersdorf/ueber-den-bezirk/geschichte/stolpersteine, 10.9.2016.

17 Vgl. Inge Lammel: Jüdische Lebenswege. Ein kulturhistorischer Streifzug durch Pankow und Niederschönhausen, Teetz/Berlin 2007, S. 143.

18 Vgl. Galliner, Freiheit, S. 202.

19 Vgl. Ladwig-Winters, Anwalt, S. 139.

20 Vgl. Wolfgang Hammerschmidt: Spurensuche. Zur Geschichte der jüdischen Familie Hammerschmidt, Gießen 1996, S. 154 ff.

21 Vgl. Ladwig-Winters, Anwalt, S. 138.

22 Vgl. ebd., S. 167.

23 Vgl. auch für das Folgende „Verschickung jüdischer Kinder; Trennung aus Liebe", in: Badische Zeitung vom 28.4.2014, www.badische-zeitung.de/ausland-1/verschickung-juedischer-kinder-trennung-aus-liebe-83873608.html, 7.11.2016.

24 Vgl. Ladwig-Winters, Anwalt, S. 149.

25 Bruno Blau: Vierzehn Jahre Not und Schrecken. Zur Geschichte der Reichsvertretung 1933–47, S. 70, in: Center for Jewish History 2011. digital-cjh.org/dtl_publish/1/369473.html; 16.9.2016.

26 Vgl. Ladwig-Winters, Anwalt, S. 149.

27 Vgl. ebd., S. 107.

28 Vgl. The Trial of Adolf Eichmann, Record of Proceedings in the District Court of Jerusalem. Vol. V, Jerusalem 1994, S. 210–232.

29 Ebd., S. 211.

RABBINER, SYNAGOGEN UND JÜDISCHE INSTITUTIONEN

1 Vgl. Burkhard Asmuss/Andreas Nachama: Zur Geschichte der Juden in Berlin und das Jüdische Gemeindezentrum in Charlottenburg, in: Wolfgang Ribbe (Hg.): Von der Residenz zur City. 275 Jahre Charlottenburg, Berlin 1980, S. 180.

2 Vgl. ebd., S. 176 f.

3 Zit. nach Barbara Asper/Hannelore Kempin/Bettina Münchmeyer-Schöneberg: Wiedersehen mit Nesthäkchen. Else Ury aus heutiger Sicht, Berlin 2007, S. 39.

4 Isaak Behar: „Versprich mir, dass Du am Leben bleibst." Ein jüdisches Schicksal, Berlin 2002, S. 29 f.

5 Vgl. Melissa Müller/Monika Tatzkow: Verlorene Bilder, verlorene Leben. Jüdische Sammler und was aus ihren Kunstwerken wurde, 2. Aufl. München 2014, S. 133.

6 Siehe Jüdisches Adressbuch für Groß-Berlin, Ausgabe 1931 (Reprint Berlin 1994), S. 100.

7 Vgl. Asmuss/Nachama, Zur Geschichte, S. 191.

8 Für das Folgende Michael Steinbrecher: Der Synagogenverein „Thorat Chessed e. V.", in: Helmut Engel/Stefi Jersch-Wenzel/Wilhelm Treue (Hg.): Ge-

schichtslandschaft Berlin, Bd. 1: Charlottenburg, Teil 2: Der Neue Westen, Berlin 1985, S. 213–219.

9 Vgl. Myra Warhaftig: Die Privatsynagoge Beth Jitzchok (1908–1939) und der Synagogenverein Torath Chessed e. V. zu Charlottenburg (1921–1939) in der Kantstraße 125, Berlin 1988, S. 7, http://digital-cjh.org:80/R/–?func=dbin–jump–full@amp, 26.11.2016

10 Zit. nach Steinbrecher, Der Synagogenverein, S. 215.

11 Ebd., S. 216.

12 Vgl. ebd., S. 216.

13 Destroyed German Synagogues and Communities: Berlin – Kantstrasse 8, www.germansynagogues.com, 18.9.2016.

14 Vgl. Max M. Sinasohn: Die Berliner Privatsynagogen und ihre Rabbiner 1671–1971. Jerusalem 1971, S. 7.

15 Vgl. ebd., S. 75.

16 Vgl. ebd., S. 74 und Marc B. Shapiro: Between the Yeshiva World and Modern Orthodoxy. The Life and Works of Rabbi Jehiel Jacob Weinberg 1884–1966, London/Portland (Or.) 1999, S. 91.

17 Zit. nach Warhaftig, Die Privatsynagoge, S. 8.

18 Vgl. auch für das Folgende Harald Reissig: Der Sitz der zentralen jüdischen Organisationen, in: Helmut Engel/Stefi Jersch-Wenzel/Wilhelm Treue (Hg.): Geschichtslandschaft Berlin, Bd. 1: Charlottenburg, Teil 2: Der Neue Westen, Berlin 1985, S. 336–356.

19 Vgl. ebd., S. 338.

20 Zit. nach Christoph Kreutzmüller: Ausverkauf. Die Vernichtung der jüdischen Gewerbetätigkeit in Berlin 1930–1945, Berlin 2012, S. 266.

21 Vgl. Heinrich-Wilhelm Wörmann: Widerstand in Charlottenburg, hg. von der Gedenkstätte Deutscher Widerstand, Berlin 1991, S. 197.

22 Vgl. Reissig, Der Sitz, S. 343.

23 Vgl. ebd., S. 344.

24 Zit. nach Wörmann, Widerstand, S. 196.

25 Vgl. Reissig, Der Sitz, S. 346.

26 Vgl. Asmuss/Nachama, Zur Geschichte, S. 204 f.

27 Vgl. Verein zur Förderung des Gedenkbuches für die Charlottenburger Juden e. V. (Hg.): Juden in Charlottenburg. Ein Gedenkbuch, Berlin 2009, S. 250.

WIDERSTAND GEGEN DEN NATIONALSOZIALISMUS

1 Vgl. Widerstand in Berlin zwischen 1933 und 1945, hg. von Hans-Joachim Fieber unter Mitarbeit von Klaus Keim u. a. 12 Bde., Berlin 2002 ff., sowie Datenbank der Berliner Gedenkstätte „Stille Helden".

2 Vgl. Widerstand in Berlin, Bd. 3, 2. Aufl. 2010, S. 201.

3 Vgl. Widerstand in Berlin, Bd. 2, 2003, S. 96 f.

4 Vgl. ebd., S. 324.

5 Vgl. ebd., S. 324 f.

6 Vgl. ebd., S. 100.

7 Ruth Andreas-Friedrich: Der Schattenmann. Tagebuchaufzeichnungen 1935–1945, Berlin 1986.

8 Siehe S. 15 f.

9 Vgl. Ausschreitungen am Kurfürstendamm, in: *Der Westen* vom 13.9.1931.

10 Zit. nach Marten Düring: Verdeckte soziale Netzwerke im Nationalsozialismus. Die Entstehung und Arbeitsweise von Berliner Hilfsnetzwerken für verfolgte Juden, Berlin/Boston 2015, S. 106.

11 Vgl. Biografie Samson Cioma Schönhaus, hg. von der Gedenkstätte Deutscher Widerstand, www.gdw-berlin.de, 9.12.2016.

12 Cioma Schönhaus: Der Passfälscher. Die unglaubliche Geschichte eines jungen Grafikers, der im Untergrund gegen die Nazis kämpfte, Frankfurt a. M. 2004, S. 115.

13 Auch für das Folgende Heinrich-Wilhelm Wörmann: Widerstand in Charlottenburg, hg. von der Gedenkstätte Deutscher Widerstand, Berlin 1991, S. 80 ff.

14 Ebd., S. 81.

15 Ebd., S. 82.

16 Vgl. ebd., S. 69 ff.

17 Ebd., S. 239.
18 Zit. nach Gerda Szepansky: Frauen leisten Widerstand 1933–1945. Lebensgeschichten nach Interviews und Dokumenten, Frankfurt a. M. 1994, S. 86.
19 Sie ist nicht identisch mit der im vorherigen Kapitel erwähnten Zeitzeugin gleichen Namens.
20 Vgl. Wörmann, Widerstand, S. 219.
21 Auch für das Folgende Reg. Nr. 62317, M 10, Entschädigungsamt Berlin.
22 Ebd., M 10/1.
23 Vgl. ebd., M 11.
24 Siehe Kapitel 6.
25 Reg. Nr. 62317, C 6.
26 Vgl. Beate Meyer/Hermann Simon (Hg.): Juden in Berlin 1938–1945, Berlin 2000, S. 271 ff.

GESCHÄFTSLEBEN

1 Vgl. Isaak Behar: „Versprich mir, dass Du am Leben bleibst." Ein jüdisches Schicksal, Berlin 2002, S. 54.
2 Ebd., S. 28.
3 Vgl. Gabriele Bärtels: Die Korsett-Königin, in: Berliner Zeitung vom 21.1.2006.
4 Vgl. Inge Ahrens: Die kleine Duftfabrik, in: Berliner Zeitung vom 15.5.1998.
5 Max Osborn: Die Amelang'sche Buch- und Kunsthandlung zu Berlin, Wittenberg 1927, S. 19.
6 Ebd., S. 20.
7 Georg Jäger (Hg.): Geschichte des Buchhandels im 19. und 20. Jahrhundert, Bd. 1: Das Kaiserreich 1871–1918, T. 3, Frankfurt a. M. 2010, S. 148.
8 Vgl. Osborn, Die Amelang'sche Buch- und Kunsthandlung, S. 25.
9 Zit. nach Jan Knopf: Bertolt Brecht. Lebenskunst in finsteren Zeiten. Biografie, München 2012, S. 131.
10 Vgl. Karl Schlögel u. a. (Hg.): Chronik russischen Lebens in Deutschland 1918–1941, Berlin 1999, S. 25 und 316.
11 Vgl. Vierzig Prozent Alpen, in: Der Spiegel, Nr. 49 (1955), www.spiegel.de/spiegel/print/d-41960781.html, 28.11.2016.
12 Vgl. Dagmar Yu-Dembski, Chinesen in Berlin, Berlin 2007, S. 132 f.
13 Siehe von Charlotte Reimann erstelltes, kommentiertes Fotoalbum für Walter Reimann jun.
14 Siehe Brief Camilla Spira an Charlotte Reimann vom 17.3.1957. Privatbesitz Walter Reimann jun.
15 Vgl. Behar, Versprich mir, S. 30 f.
16 Vgl. Katrin Cürük: Morgens um fünf in Charlottenburg, in: Berliner Zeitung vom 11.10.2007.
17 Vgl. Holger Tegtmeyer: Breitseite Berlin. Literarische Streifzüge, Düsseldorf/Zürich 2004, S. 154.
18 Vgl. Harald Hordych: Marianne Rosenberg, in: Süddeutsche Zeitung vom 19.2.2015.
19 Zit. nach Michel Würthle (Hg.): Paris Bar Berlin, München 2000, S. 20.
20 Vgl. Nora Reinhardt: Ein Bild ist ein Bild ist ein Bild, in: Der Spiegel, Nr. 44 (2009), www.spiegel.de/spiegel/print/d-67510093.html, 28.11.2016.
21 Zit. nach Susanne Kippenberger: Am Tisch. Die kulinarische Bohème oder Die Entdeckung der Lebenslust, Berlin 2010, S. 129.
22 Speisekarte vom 23.10.1911, Sammlung Horst Machalz, Berlin.
23 Vgl. Heinz G. Schwieger: Berlin-Brevier für Lebenskünstler – Ein Wegweiser zu gastlichen Stätten, Frankfurt a. M. 1963, S. 103.
24 Vgl. Yu-Dembski: Chinesen in Berlin, S. 27.
25 Ebd., S. 29.
26 Tina Hüttl: Der Meister isst fremd, in: Berliner Zeitung vom 6.1.2012.
27 Vgl. Schwieger, Berlin-Brevier, S. 60.
28 Berlin, wie es schreibt und isst. 61 Betrachtungen Berliner Autoren über ihre Lieblingslokale, hg. von Marianne Steltzer, München 1966, S. 235.
29 Vgl. Paul Ortwin Rave/Irmgard Wirth: Die Bauwerke und Kunstdenkmäler von Berlin. Stadt und Bezirk Charlottenburg, Berlin 1961, S. 576.

30 George Tabori: Autodafé. Erinnerungen, Berlin 2002, S. 71.

31 Vgl. Ronald Bergan: Sergei Eisenstein. A Life in Conflict, Woodstock u. a. 2016, S. 34.

32 Vgl. Hermann Aurich: Ludwig Katzenellenbogen – Odysseus in Freienhagen. Plattform *Märkische Landsitze des Berliner Bürgertums*, www.maerkische-landsitze.de/katzenellenbogen.htm, 10.9.2016.

33 Zit. nach *Der Tagesspiegel* vom 16.11.1956.

34 Vgl. Neues Leben für die Kant-Garagen, in: *Der Tagesspiegel* vom 27.10.2016, www.tagesspiegel.de/berlin/bezirke/charlottenburg-wilmersdorf/berlin-charlottenburg-neues-leben-fuer-die-kant-garagen/14744348.htr, 11.12.2016.

CHAMPION UNTER BERLINS STRASSEN

1 Vgl. Kai Ritzmann: Berliner Straßen-Contest. Torstraße vs. Kantstraße: Welche Straße ist die wahre Szene-Diva? , in: *BZ* vom 17.4.2016, www.bz-berlin.de/berlin/charlottenburg-wilmersdorf/torstrasse-vs-kantstrasse-welche-strasse-ist-die-wahre-szene-diva, 27.12.2016.

2 Persönliche Mitteilung von Dirk Spender, Teamleiter Regionalmanagement CITY WEST, 20.12.2016, www.berlin-city-west.de.

AUSGEWÄHLTE LITERATUR

Andreas-Friedrich, Ruth: Der Schattenmann. Tagebuchaufzeichnungen 1935–1945, Berlin 1986.

Asper, Barbara/Kempin, Hannelore/Münchmeyer-Schöneberg, Bettina: Wiedersehen mit Nesthäkchen. Else Ury aus heutiger Sicht, Berlin 2007.

Bab, Julius: Adalbert Matkowsky. Eine Heldensage, Berlin 1932.

Barth, Hans: Hermann Oberth. „Vater der Raumfahrt". Autorisierte Biographie, Feucht 1985.

Bechter, Alexandra: Leo von König 1871–1944. Leben und Werk, Phil. Diss. Johannes Gutenberg-Universität Mainz 1998.

Behar, Isaak: „Versprich mir, dass Du am Leben bleibst." Ein jüdisches Schicksal, Berlin 2002.

Berbig, Roland: Paul Lindau – eine Literatenkarriere, in: Wruck, Peter (Hg.): Literarisches Leben in Berlin 1871–1933, Berlin 1987.

Borkovec, Petr: Amselfassade. Berlin-Notate. Prosa und Gedichte, Berlin 2006.

Brandl-Beck, Daniel: Der Maler Marsden Hartley reist durch Deutschland, in: Capricen. Momente schwuler Geschichte, hg. von Rüdiger Lautmann, Hamburg 2014.

Brentzel, Marianne: Nesthäkchen kommt ins KZ. Eine Annäherung an Else Ury 1877–1943, Zürich/Dortmund 1993.

Brentzel, Marianne: Mir kann doch nichts geschehen… Das Leben der Nesthäkchen-Autorin Else Ury, Berlin 2007.

Brinkschulte, Eva (Hg.): Weibliche Ärzte. Die Durchsetzung des Berufsbildes in Deutschland, Berlin 1993.

Caspari, Volker/Lichtblau, Klaus: Franz Oppenheimer. Ökonom und Soziologe der ersten Stunde, hg. von der Goethe-Universität Frankfurt a. M. 2014.

Diesel, Eugen: Diesel. Der Mensch, das Werk, das Schicksal, München 1983.

Döhl, Dörte/Mann, Barbara: Berlin ist meine Mitte. Die Malerin Rita Preuss, hg. von Karoline Müller, Berlin 2014.

Dorfmüller, Joachim: Heinrich Reimann. Leben und Werk eines schlesischen Musikschriftstellers, Organisten und Komponisten, Bonn 1994.

Dorgerloh, Annette: Das Künstlerehepaar Lepsius. Zur Berliner Porträtmalerei um 1900, Berlin 2003.

Drews, Berta: Wohin des Wegs. Erinnerungen, 4. Aufl., München/Wien 1986.

Eismann-Lichte, Annemarie: Paul Lindau. Publizist und Romancier der Gründerjahre, Phil. Diss. Westfälische Wilhelms-Universität Münster 1981.

Ermen, Reinhard: Ferruccio Busoni, Reinbek b. Hamburg 1996.

Fischer-Defoy, Christine: Kunst Macht Politik. Die Nazifizierung der Kunst- und Musikhochschulen in Berlin, Berlin 1988.

Giere, Peter/Jancke, Saskia: Professor Georg Friedrich Paul Matschie, in: Klasse. Ordnung. Art. 200 Jahre Museum für Naturkunde, hg. von Ferdinand Damaschun u. a., Rangsdorf 2010.

Grau, Günter: Iwan Bloch. Hautarzt – Medizinhistoriker – Sexualforscher (Jüdische Miniaturen, Bd. 57), Berlin 2007.

Grolle, Joist: Gustav Seitz. Ein Bildhauer zwischen Ost und West, Hamburg 2010.

Großkinsky, Manfred: August Gaul und Fritz Klimsch – Gemeinsamkeiten und Unterschiede, in: Die Bildhauer August Gaul und Fritz Klimsch, Museum Giersch, Frankfurt a. M. 2010, S. 7–9.

Günzel, Wolfgang H.: Berliner Bronzen Brücken Bauten. Geschichten aus dem Leben des Berliner Metallbildhauers und Bronzegießers Hans Füssel, Berlin 2008.

Hammerschmidt, Wolfgang: Spurensuche. Zur Geschichte der jüdischen Familie Hammerschmidt, Gießen 1996.

Henning, Hans: Friedrich Spielhagen, Leipzig 1910.

Hösch, Rudolf: Kabarett von gestern nach zeitgenössischen Berichten, Kritiken und Erinnerungen, Bd. 1: 1900–1933, Berlin 1969.

Heymann-Wentzel, Cordula: Das Stern'sche Konservatorium der Musik in Berlin. Rekonstruktion einer verdrängten Geschichte, Phil. Diss. Universität der Künste, Berlin 2014.

Hollaender, Friedrich: Von Kopf bis Fuß. Mein Leben mit Text und Musik, München 1965.

Klimsch, Fritz: Erinnerungen und Gedanken eines Bildhauers. Geformte Bilder eines Lebens und zweier Jahrhunderte, Berlin/Zürich/Freiburg i. Br. 1952.

Königseder, Angelika: Recht und nationalsozialistische Herrschaft. Berliner Anwälte 1933–1945, hg. vom Berliner Anwaltsverein, Bonn 2001.

Kortner, Fritz: Aller Tage Abend. Erinnerungen, Berlin 2005.

Küppers, Patrick: Die Sprache der Großstadt. Zeitkritik und ästhetische Moderne in den frühnaturalistischen Berlinromanen Max Kretzers, Marburg 2014.

Ladwig-Winters, Simone: Anwalt ohne Recht. Das Schicksal jüdischer Rechtsanwälte in Berlin nach 1933, Berlin 1998.

Loewenstein, Georg: Kommunale Gesundheitsfürsorge und sozialistische Ärztepolitik zwischen Kaiserreich und Nationalsozialismus – autobiographische, biographische und gesundheitspolitische Anmerkungen, hg. von Stephan Leibfried und Florian Tennstedt, Bremen 1980.

Lepsius, Sabine: Ein Berliner Künstlerleben um die Jahrhundertwende. Erinnerungen, München 1972.

Marcy, Claudia (Hg.): Raum für die Kunst. Künstlerateliers in Charlottenburg, Berlin 2005.

Masa, Elke: Die Bildhauerfamilie Cauer im 19. und 20. Jahrhundert, Berlin 1989.

Meyer, Winfried: Unternehmen Sieben. Eine Rettungsaktion für vom Holocaust Bedrohte aus dem Amt Ausland/Abwehr im Oberkommando der Wehrmacht, Frankfurt a. M. 1993.

Osborn, Max: Die Amelang'sche Buch- und Kunsthandlung zu Berlin, Wittenberg 1927.

Peters, Dietlinde: Dr. Martha Wygodzinski (1869–1943). „Der Engel der Armen". Berliner Ärztin – Engagierte Gesundheitspolitikerin (Jüdische Miniaturen, Bd. 73), Teetz/Berlin 2008.

Rave, Paul Ortwin/Wirth, Irmgard: Die Bauwerke und Kunstdenkmäler von Berlin. Stadt und Bezirk Charlottenburg, Berlin 1961.

Reissig, Harald: Der Sitz der Zentralen jüdischen Organisationen, in: Engel, Helmut/ Jersch-Wenzel, Stefi/ Treue, Wilhelm (Hg.): Geschichtslandschaft Berlin, Bd. 1: Charlottenburg, Teil 2: Der Neue Westen, Berlin 1985, S. 336–356.

Sach, Louisa: „Gedenke, dass Du eine deutsche Frau bist!" Die Ärztin und Bevölkerungspolitikerin Ilse Szagunn (1887–1971) in der Weimarer Republik und im Nationalsozialismus, Diss. Medizinische Fakultät der Charité/Universitätsmedizin Berlin 2006.

Sasse, Barbara: Das *Theater des Westens* Kantstraße 8–12, in: Engel, Helmut/ Jersch-Wenzel, Stefi/Treue, Wilhelm (Hg.): Geschichtslandschaft Berlin, Bd. 1: Charlottenburg, Teil 2: Der Neue Westen, Berlin 1985, S. 357–377.

Sauer, Marina: Mit Schirm, Charme und Melone. Der Plakatkünstler Edmund Edel (1863–1934), Kiel 1994.

Schaper, Rüdiger: Moissi. Triest. Berlin. New York. Eine Schauspielerlegende, Berlin 2000.

Schenk, Dietmar: Das Stern'sche Konservatorium der Musik. Ein deutsch-jüdisches Privatkonservatorium der Bürgerkultur Berlins 1850–1936, in: Berlin in Geschichte und Gegenwart (Jahrbuch des Landesarchivs Berlin), Berlin 2000, S. 57–79.

Schmidt, Monika: Die jüdischen Aktionäre des Zoologischen Gartens zu Berlin. Namen und Schicksale, Berlin 2014.

Schröder, Wilt Aden: Norden, Eduard, in: Tielke, Martin (Hg.): Biographisches Lexikon für Ostfriesland II, Aurich 1997.

Schwoch, Rebecca (Hg.): Berliner jüdische Kassenärzte und ihr Schicksal im Nationalsozialismus. Ein Gedenkbuch, Berlin/Teetz 2009.

Seibt, Helmut (Hg.): Adolf Miethe (1862–1927). Lebenserinnerungen, Frankfurt a. M. 2012.

Sellert, Wolfgang: James Paul Goldschmidt (1874–1940). Ein bedeutender Straf- und Zivilprozeßrechtler, in:

Deutsche Juristen jüdischer Herkunft, hg. von Helmut Heinrichs u. a., München 1993.

Shapiro, Marc B.: Between the Yeshiva World and Modern Orthodoxy. The Life and Works of Rabbi Jechiel Jacob Weinberg 1884–1966, London/Portland (Or.) 1999.

Silbereisen, Gabriele: Die Berliner Secession, in: Engel, Helmut/Jersch-Wenzel, Stefi/Treue, Wilhelm (Hg.): Geschichtslandschaft Berlin, Bd. 1: Charlottenburg, Teil 2: Der Neue Westen, Berlin 1985, S. 378–397.

Sittauer, Hans L.: Nicolaus August Otto – Rudolf Diesel, 4. Aufl., Leipzig 1990.

Steinbrecher, Michael: Der Synagogenverein „Thorat Chessed e. V.", in: Engel, Helmut/Jersch-Wenzel, Stefi/Treue, Wilhelm (Hg.): Geschichtslandschaft Berlin, Bd. 1: Charlottenburg, Teil 2: Der Neue Westen, Berlin 1985, S. 213–219.

Stuckenschmidt, Hans Heinz: Ferruccio Busoni. Zeittafel eines Europäers, Zürich 1967.

Stuckenschmidt, Hans Heinz: Schönberg. Leben. Umwelt. Werk, Zürich/Freiburg i. Br. 1974.

Suhr, Elke: Carl von Ossietzky. Pazifist, Republikaner und Widerstandskämpfer, München 1989.

Szepansky, Gerda: Frauen leisten Widerstand 1933–1945. Lebensgeschichten nach Interviews und Dokumenten, Frankfurt a. M. 1994.

Yu-Dembski, Dagmar: Chinesen in Berlin, Berlin 2007.

Warhaftig, Myra: Die Privatsynagoge Beth Jitzchok (1908–1939) und der Synagogenverein Torath Chessed e.V. zu Charlottenburg (1921–1939) in der Kantstraße 125, Berlin 1988.

Widerstand in Berlin zwischen 1933 und 1945, hg. von Hans-Joachim Fieber u. a., 12 Bde., Berlin 2002 ff.

Wörmann, Heinrich-Wilhelm: Widerstand in Charlottenburg, hg. von der Gedenkstätte Deutscher Widerstand, Berlin 1991.

Wolffram, Knud: Tanzdielen und Vergnügungspaläste. Berliner Nachtleben in den dreißiger und vierziger Jahren. Von der Friedrichstraße bis Berlin W., vom Moka Efti bis zum Delphi, Berlin 1992.

Würthle, Michel (Hg.): Paris Bar Berlin, München 2000.

Wussow, Klausjürgen: Mein Leben als Chefarzt – Professor Brinkmann und ich, Bergisch Gladbach 1987.

BILDNACHWEIS

akg-images: 37, 38 (Fritz Eschen), 47, 67, 68, 76, 77, 82
Allgemeine Musik-Zeitung, Nr. 8 (21.2.1908): 66 u.
Archiv Rainer Bratfisch: 72 u., 74 u.
Archiv Coco Schumann: 73 o.
Archiv der Magnus-Hirschfeld-Gesellschaft e. V.: 97
Archiv der sozialen Demokratie/Friedrich-Ebert-Stiftung:
   80, 81 o. (Sammlung *Telegraf*), 95 (Karl Pinkau/Leipzig)
Berliner Illustrirte Zeitung, XIII. JG., Nr. 50 (11.12.1904): 78
Bildarchiv von Universitätsbibliothek und -archiv der Jus-
   tus-Liebig-Universität Gießen: 109
Bezirksamt   Charlottenburg-Wilmersdorf/Stadtentwick-
   lungsamt/Fachbereich Bauaufsicht/Archiv: 12 l.
Wilhelm von Bode: *Fritz Klimsch*, Freiburg i. Br. 1924: 60
bpk – Bildagentur für Kunst, Kultur und Geschichte: 40
   (Nationalgalerie, SMB/Reproduktion Jörg P. Anders),
   45 (Reproduktion Jörg P. Anders), 111 o. (Abraham Pi-
   sarek), 113 (Abraham Pisarek)
Bundesarchiv: 14 o. (Bild 102-13123/Aktuelle-Bilder-
   Centrale/Georg Pahl), 18 l. (Bild 183-68855-0001/
   ADN-Zentralbild/Drowski), 140 o. l. (Bild 102-10459/
   Aktuelle-Bilder-Centrale/Georg Pahl)
Camera Work: 56
Brigitte Castel-Katzenstein: 93
Die Behörde des Bundesbeauftragten für die Stasi-Unter-
   lagen: 17 u.
Johannes Eglau: 52, 53 o.
Entschädigungsamt Berlin, Reg. Nr. 62317: 121
Gritta Falke/Archiv Roseburg: 25 l.
André Förster: 14 u., 19 r., 20, 21, 25 r., 26 r., 27 l., 31 l.,
   33 r., 34, 59, 74 o., 81 u., 84, 124, 125 u., 127, 128 o.,
   129 u., 130 o., 132 u., 133 l. und u. r., 136 r., 137 o. r.
   und u. r., 138 o. r. und u. r., 139 u., 143
Gedenkstätte Deutscher Widerstand Berlin: 116, 118
Goethe-Universität Frankfurt a. M./Universitätsbiblio-
   thek/Porträtsammlung: 70
Gunnar Geller: 42
Gustav-Seitz-Stiftung Hamburg: 61 (Gerhard Kiesling),
   62 (Gerhard Kiesling)
Wolfgang H. Günzel: 64

Otto Hagemann: *das neue gesicht berlins*, 4. Aufl., Berlin
   1962, Abb. 23: 136 l.
Hermann-Oberth-Raumfahrt-Museum, Feucht: 90
Birgit Jochens: 19 l., 35, 49, 51, 83
Jüdisches Museum Berlin: 103 l. (Schenkung Carla und
   Stefan Helmut Simon), 114 (Herbert Sonnenfeld)
Katalog Berliner Secession, 1910: 55
Manfred Krause: 142
Bernd Krüerke: 53 u.
Landesarchiv Berlin: 28 o. (F Rep 290, II 10932), 30 l. (Bau-
   akte Kantstraße 162), 85 (F Rep. 290 Nr. 0077140),
   87 r. (F Rep. 290 Nr. 0010978_C)
Frank Lenart: 86
Horst Machalz: 134 o. und u., 135
Museum Charlottenburg-Wilmersdorf: 6/7, 13 l., 43, 57,
   58, 111 u. (Maayan Landau), 137 u. l.
Museum für Naturkunde Berlin: 92
Nalbach + Nalbach Gesellschaft von Architekten mbH:
   140 o. r.
Oz Ordu: 12 r., 28 u., 31 r., 88, 119 r.
Max Osborn: Die Amelang'sche Buch- und Kunsthand-
   lung zu Berlin, Berlin 1927: 126
Clemens-Maria Peuser: 9, 10 o. l., o. r. und u., 13 r., 23,
   24 o. und u., 26 l., 32, 44, 48, 73 u., 79 r., 97 u., 104, 119 l.,
   123, 125 o., 128 u., 129 o., 131, 132 o.
Walter Reimann: 15, 117
Harald Reissig: Der Sitz der zentralen jüdischen Orga-
   nisationen Kantstraße 158, in: Helmut Engel/Stefi
   Jersch-Wenzel/Wilhelm Treue (Hg.): Geschichtsland-
   schaft Berlin, Bd. 1: Charlottenburg, Teil 2: Der Neue
   Westen, Berlin 1985, 336–356: 110
Felix Rottberg, Goethe-Institut Tel Aviv: 105
Max Schlundt: 139 o.
Betty Scholem/Gershom Scholem: Mutter und Sohn im
   Briefwechsel 1917–1946, hg. von Ina Shedletzky in
   Verbindung mit Thomas Sparr, München 1989/Nach-
   lass Gershom Scholem, Handschriftenabteilung Natio-
   nal- und Universitätsbibliothek Jerusalem: 98
Klaus-Dietrich Schulze: 50 (Schilderwelten), 63, 103 r.

Hans L. Sittauer: Diesel, Berlin 1961: 89

Stadtspiegel Charlottenburg: 133 o. r.

Stiftung Stadtmuseum Berlin, Reproduktion Oliver Ziebe/Rita Preuss Stiftung: 54

Technische Universität Berlin/Universitätsarchiv, Foto: Rudolf Dührkoop: 87 l.

Michael Steinbrecher: Der Synagogenverein „Thorah-Chessed e. V.". Die Wohnung von Karl Germer Kantstraße 125, in: Helmut Engel/Stefi Jersch-Wenzel/Wilhelm Treue (Hg.): Geschichtslandschaft Berlin, Bd. 1: Charlottenburg, Teil 2: Der Neue Westen, Berlin 1985, S. 213–219: 108

Benjamin Thaler: 39

ullstein bild: 16, 17 o., 18 r. (Binder), 27 r. (Archie Kent), 33 l., 130 u. (Vision Photos), 138 u. l. (Sobotta), 46 (Folkwang-Archiv Berlin)

Universität der Künste Berlin/Universitätsarchiv/Atelier Sincelius: 66 o.

Universität Salzburg/Abteilung für Sondersammlungen: 91

Universitätsbibliothek der Universität Heidelberg: 36

Vaganten Bühne: 30 r.

Michael Vrzal: 140 u.

PERSONENREGISTER

DIE AUTORIN

DANK

Die Historikerin Birgit Jochens war langjährige Leiterin des Museums Charlottenburg–Wilmersdorf und hat in dieser Funktion viele stadtgeschichtliche Publikationen vorgelegt. Im Nicolai Verlag ist 1996 ihr Band *Deutsche Weihnacht 1900 bis 1945* erschienen, der zu den Kultbüchern dieses Verlages gehört. Birgit Jochens ist Vorstandsmitglied der Stiftung Denkmalschutz Berlin.

Clemens-Maria Peuser (Remshalden), Horst Machalz (Berlin) und Luis Schulze (Waldkraiburg) ist für die engagierte Unterstützung bei der Fotorecherche zu danken, Klaus-Dietrich Schulze (Berlin) für die unermüdliche Anteilnahme am Projekt.